AF590513

MARTHE HANAU

La Vérité sur l'Affaire de la "Gazette du Franc"

Prix : UN Franc

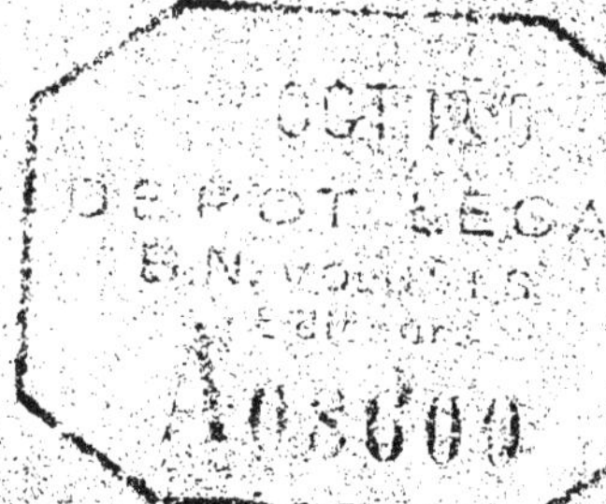

Éditions de l'Imprimerie Moderne
Robert JON
29, Rue Letort - PARIS (18e)

Déclaration préliminaire

Je ne me propose ici d'autre objectif que de situer moralement mon œuvre et mes affaires.

Je ne cherche nullement à peser sur l'action de la Justice dont j'entends toutefois souligner l'inconcevable arbitraire.

Le coup de force judiciaire du 3 décembre a consommé ma ruine morale et matérielle.

Je suis en prison et je ne cherche pas à en sortir. Voilà pour le présent.

Quant à l'avenir, si graves que puissent être les sanctions pénales qu'on veut m'infliger, elles seront insignifiantes pour moi, après l'écroulement de ma maison et l'anéantissement des efforts, des espoirs et des intérêts que j'avais concentrés à la Gazette du Franc.

En publiant les vérités essentielles qu'on va lire, je veux simplement :

1° *Aider mes clients, en les éclairant, à défendre efficacement leur patrimoine. Cela d'abord et surtout.*

2° *Placer l'affaire de la Gazette du Franc sous son aspect véridique.*

3° *Dégager mes collaborateurs et mes amis injustement inculpés ou compromis.*

4° *Dénoncer l'asservissement dans lequel les puissances d'argent coalisées détiennent les pouvoirs publics et mobilisent à leur profit les rouages de l'Etat.*

Il n'y a donc place, dans cet exposé, que pour des vérités de fait. J'écarte délibérément toute information scandaleuse.

Ce ne sont pas mes mémoires que je publie.

Je laisserai par ailleurs, à Pierre Audibert, qui en assumait la charge, le soin de préciser et de défendre l'œuvre de presse indépendante et la politique de paix qui nous valut peut-être plus d'ennemis encore que mon organisation financière ellemême.

M. H.

Première partie

L'HISTOIRE de la GAZETTE du FRANC

Origines.

En pleine crise de dévalorisation du franc (mars 1925) alors que la presse politique et financière restait muette, alors que les grandes banques spéculaient à la hausse de la livre, que la majorité des financiers et des capitalistes exportaient leurs capitaux, il m'apparut qu'il y avait un rôle à jouer auprès du grand public.

Un organe indépendant, se refusant à toute politique de parti, exploitant des formules nouvelles et sincères en matière d'économie politique et de finance, menant une vigoureuse campagne en faveur du franc, devait réussir et peut-être secouer l'apathie générale.

Création et Fonctionnement. - Capitaux.

En feuilletant la collection du journal, il est aisé de constater que le programme fut réalisé. On défendit le franc. On conseilla l'achat des rentes françaises et de toutes les grandes valeurs nationales, outrageusement dépréciées. Il fallait, à cette date, un certain courage pour risquer pareille aventure et y engager ses capitaux.

Ceux-ci furent exclusivement fournis par M. de Courville et moi, sans aucun concours de l'étranger ni du Gouvernement, à quelque époque que ce soit.

Fondation d'un organisme Financier.

Le succès fut immédiat. Les pages financières furent unanimement appréciées. Elles étaient rédigées dans une forme simple, claire, accessible au public. Nos renseignements permettaient aux capitalistes de réaliser des bénéfices intéressants; ceux-ci ne tardèrent pas à réclamer de nous l'indication d'une Banque qui leur permît de suivre pratiquement nos conseils.

Je fondai alors un nouvel organisme « Le Groupement Technique de Gérance Financière », d'abord 13, rue Marivaux, puis 94, rue Saint-Lazare, nettement séparé de la *Gazette du Franc*, transformée elle-même en Société anonyme, dont le siège social et les bureaux étaient situés 1, place Boïeldieu.

Directives Financières.

Guidée par cette idée maîtresse qu'il était profondément injuste et illogique que les épargnants fussent exclus du fructueux partage de bénéfices obtenus au moyen de leurs capitaux par tous les financiers professionnels (Sociétés de crédit, banques d'affaires, banques privées, gros financiers) tous spéculant à coup sûr et le plus souvent contre leur clientèle, je résolus de grouper les isolés et de leur permettre ainsi d'opérer comme une seule personnalité plus puissante par son nombre que toutes les autres puissances d'argent et capable, comme elles, mais pour son *compte propre cette fois*, de manier en professionnel une masse compacte de capitaux dont le rendement normal pouvait atteindre un pourcentage très supérieur aux répartitions courantes, tout en permettant à la banque centralisatrice d'importants bénéfices personnels.

Je n'ai jamais promis autre chose, et tout ce qui a été publié sur les engagements pris par moi de servir 48 % d'intérêt est inexact.

D'aucuns, d'ailleurs, ne sont parvenus à des affirmations aussi fantaisistes qu'en calculant, par exemple, que le rendement du capital étant de 4 % pendant un mois, le rendement annuel se chiffrait, en conséquence, à 48 %. Est-il nécessaire de souligner l'absurdité ou la déloyauté d'un syllogisme fabriqué pour les besoins d'une démonstration peu scrupuleuse?

Par contre, ce qui demeure acquis, en dépit de dénégations aussi bruyantes qu'intéressées, c'est que des bénéfices importants ne sont ni anormaux ni passagers.

Le Crédit Lyonnais, la Société Générale, le Comptoir d'Escompte et toutes les Sociétés de crédit servent à leurs administrateurs de grasses prébendes, construisent des immeubles somptueux, couvrent le pays entier de leurs agences, dissimulent dans leurs bilans d'énormes réserves occultes et distribuent à leurs actionnaires des dividendes normaux.

D'où donc proviennent leurs bénéfices, sinon du maniement rationnel des capitaux?

Et d'un taux moyen de rendement bien supérieur aux 8 % minimum qu'on me reproche si fort d'avoir garantis?

Les Lazard Frères, la Banque de Paris et des Pays-Bas, les Daniel Dreyfus, la Banque de l'Union Parisienne, la Société Financière Française et Coloniale, toutes ces banques d'affaires ont, en quelques années, décuplé, centuplé leur puissance, leur fortune.

D'où donc proviennent leurs bénéfices, sinon du maniement rationnel des capitaux?

Et d'un taux moyen de rendement bien supérieur aux 8 % minimum qu'on me reproche si fort d'avoir garantis?

Un Lowenstein, un Homberg, un Rain, un Finaly, ont aussi, en quelques années, réalisé des fortunes considérables qui dépassent, on le sait, des centaines de millions?

D'où donc proviennent leurs bénéfices, sinon du maniement rationnel des capitaux?

Et d'un taux moyen de rendement bien supérieur aux 8 % minimum qu'on me reproche si fort d'avoir garantis?

Directives Générales.

Pour obtenir ces résultats au profit de la masse groupée, nouvelle venue dans l'arène financière, que fallait-il, en sus de la puissance des capitaux réunis?

Il fallait :

1° Une technicité impeccable, clairvoyante, probe, qui présidât au choix des affaires;

2° Des professionnels éprouvés qui les défendissent financièrement et boursièrement ;

3° Des organes de presse, puissants, indépendants, dont la rubrique financière, semblable en importance à celle de tous les journaux, se différencierait par sa rédaction autonome uniquement animée du souci de défendre des valeurs saines et étudiées.

C'est ma fierté d'avoir réuni et utilisé tous ces éléments.

Je ne veux pas dresser ici un palmarès, mais j'avais groupé autour de moi des techniciens et des professionnels d'une compétence indiscutée qui, après avoir fait leurs preuves dans le passé, ont révélé leur maîtrise dans les affaires que nous avions réalisées, dans les affaires que nous réalisions, dans les affaires que nous allions réaliser et dont nos dossiers établissent l'existence et la valeur.

A côté de la *Gazette du Franc*, dont les pages financières établies sur une formule nouvelle qui permettait même aux simples lecteurs ou abonnés d'opérer personnellement et de gérer leur portefeuille directement avec bénéfices (des milliers de lettres de félicitations et de remerciements attestent l'excellence de nos conseils), j'avais créé *Interpresse*, qui affermait les rubriques financières des journaux les plus différents (politiques, financiers, corporatifs, etc...) et dont les études, inspirées elles aussi par les mêmes principes, sont, de l'aveu de tous, les modèles d'un genre assez inusité.

Elles ne recommandaient que de bonnes affaires et déconseillaient les mauvaises, et ce n'est pas sans dépit que les préposés officiels à l'ouverture du courrier des jours qui suivirent le krach, dépouillaient des quantités de lettres de regrets de capitalistes désormais « sans guide ».

La Gazette du Franc et des Nations.

C'est ici qu'il importe de fixer la transformation subie par la *Gazette du Franc*, devenue *Gazette du Franc et des Nations*, et de préciser brièvement le rôle de Pierre Audibert.

En novembre 1927, dans le but d'intensifier notre campagne pour le relèvement des finances françaises et de diffuser largement la *Gazette*, je décidai d'organiser des conférences dans les grandes villes de France. La première se tint à Lille et Pierre Audibert, collaborateur de la *Gazette* depuis septembre 1927, y prit la parole.

Appréciant son talent d'orateur et d'écrivain, je lui demandai alors une collaboration plus étendue. Je voulais créer un quotidien « formule *Gazette* », placé audessus des partis, vulgarisant pour la masse les graves problèmes de l'heure, entamant campagne contre les abus de certaine presse et de certaine finance, défendant en un mot les idées qui m'étaient chères. Audibert me présenta des objections sérieuses sur la création immédiate de ce quotidien et m'exposa son action personnelle, ses projets, la politique de paix qu'il défendait dans l'*Observateur Européen.*

La campagne du franc était terminée. Quelle plus belle campagne à entreprendre que celle de la paix, c'est-à-dire l'amélioration des relations internationales indispensables à notre relèvement économique?

Nous fûmes rapidement d'accord.

Comment prétend-on aujourd'hui prouver qu'un hebdomadaire de 32 pages tel que la *Gazette du Franc et des Nations*, animé d'un pareil idéal, et dans lequel la partie financière n'occupait que 12 pages, est un journal exclusivement financier ou mieux encore un « journal-banque »?

Car les organes de presse, il faut le constater, ne conditionnaient nullement le développement de l'entreprise bancaire vers laquelle la clientèle affluait en fonction même de la qualité des opérations.

C'est pourquoi il est absurde de prétendre que nous monnayions le nom des éminents collaborateurs de la *Gazette* ou celui des hommes d'Etat qui l'honoraient de leurs autographes.

A la vérité, Pierre Audibert, dans un haut souci d'intérêt national, a défendu, en plein accord avec eux, à la fois la politique extérieure de M. Aristide Briand et la politique intérieure de M. Poincaré.

Le seul profit tiré de la *Gazette du Franc et des Nations* par l'organisme bancaire qui affermait ses pages financières, résidait dans le fait que la haute tenue des pages économiques et politiques, ainsi que la notoriété et la diversité de ses collaborateurs, le différenciaient nettement de la masse des hebdomadaires et lui assuraient un grand nombre de lecteurs et d'abonnés dont l'action indépendante en Bourse venait appuyer les opérations directes de l'organisme bancaire.

Veut-on justifier la légende du journal-banque par le fait que, pendant le court délai de onze mois, après trois années d'exploitation et pour les raisons que j'indique ci-dessus, l'organisme financier fonctionna sous l'enseigne passagère de Services financiers de la *Gazette du Franc*? Thèse insoutenable.

En effet, la comptabilité, les répertoires de Bourse, toutes les pièces fiscales étaient établies par le Groupement Technique qui affermait, moyennant redevance mensuelle, les pages financières de la *Gazette*, suivant un usage en vigueur dans nombre de journaux.

Dès la création d'*Interpresse*, la *Gazette* fut traitée comme le *Quotidien*, le *Réveil du Nord* et tous les autres journaux.

Seul le temps matériel m'avait manqué pour la mise au point rationnelle de mes divers organismes de presse et de finance. C'est là un point important à souligner.

La croissance avait été extrêmement rapide et j'en souffrais. Le recrutement du personnel compétent était lent et difficile, les services intérieurs étaient constamment débordés. J'étais en butte aux attaques de toutes sortes, rançon du succès foudroyant : concurrents déloyaux, employés congédiés, maîtres chanteurs, conseils infidèles, m'obligeaient à une lutte qui retardait l'achèvement de l'organisation que j'avais conçue et qui, sans tout cela, aurait fonctionné bien avant le 1er décembre 1928. Qu'on retienne cette date!

La Réalisation.

Les capitalistes étaient groupés et leur nombre imposant s'accroissait journellement. Les opérations bénéficiaires se multipliaient : je citerai au hasard — nomenclature éloquente — des valeurs sur lesquelles j'ai opéré: *Câbles Télégraphiques, Port de Salonique, Mines de Fer de Segré, Dolfus Mieg, Electricité et Gaz de Bordeaux, Etablissements Gaillard, Société Parisienne de Banque,* « *Petit Parisien* », *Saint Frères, Union Industrielle de Crédit*, et, enfin, les deux seules affaires que j'aie lancées et patronnées complètement : *Etablissements Langrand* et *Exploitations Foncières,* dont les bases sont solides et indiscutables.

Les scellés de l'instruction renferment aussi les nombreux dossiers des affaires dont je préparais la valorisation ou le lancement, après étude minutieuse de nos services techniques. Les bénéfices étaient certains. Ils étaient destinés aux clients de la *Gazette du Franc* et ce n'est pas le moindre dommage causé par le coup de force du 3 décembre.

Car il est faux de prétendre que mes opérations étaient basées sur le jeu, la spéculation et que par là même elles étaient malsaines. Quand je patronnais une affaire comme les *Etablissements Langrand*, quand je valorisais par des travaux importants et continus une affaire immobilière comme les *Exploitations Foncières* et quand je me préparais à soutenir et à stimuler des affaires industrielles de toute nature, loin de favoriser le jeu, je remplissais dans ma sphère le devoir que néglige la féodalité financière au pouvoir : aider l'industrie, le commerce et accroître les richesses nationales.

Je n'ai pas créé de « holding ». Je n'ai placé dans le public aucun des titres des sociétés de presse et des sociétés financières que j'avais fondées.

En outre, j'assurais pour ma clientèle une gestion de portefeuille rationnelle.

Acquérir au meilleur cours possible et au-dessous de leur valeur intrinsèque des titres soigneusement sélectionnés, les valoriser avec les moyens efficaces dont je disposais, les revendre en bénéfice à des cours qui permettaient encore au dernier acheteur de traiter une bonne opération, telles furent les méthodes financières que j'appliquai et qui n'auraient soulevé aucune inquiétude si je n'avais opéré pour le compte de la masse et ouvert ainsi l'ère dangereuse pour la haute banque, d'une nouvelle politique financière qui, en se généralisant, porterait une atteinte redoutable à ses coutumières opérations.

Les organes de presse s'offraient à nous de toutes

parts, plus dans l'intérêt de leurs lecteurs (ils connaissaient le succès de leurs confrères) que dans leur intérêt particulier.

Nous étions devenus une puissance. Nous étions dangereux. Nous allions le devenir davantage.

Nous avions opéré jusqu'alors sous la forme de participations syndicales et les services financiers n'étaient qu'un organisme incomplet.

Le 1er décembre 1928 devait marquer l'avènement :

1° D'une banque : la *Compagnie Générale Financière et Foncière,* au capital de 20.000.000, qui absorberait aussitôt les services financiers ;

2° De cinq Sociétés émettrices de bons à participations bénéficiaires 8 % *minimum garantis* (les fameux 8 %) qui se substituaient aux syndicats.

Par voie de conséquence, le journal *La Gazette du Franc et des Nations* acquérait ainsi une personnalité juridique destinée à l'isoler — en droit comme il l'était en fait — des opérations financières.

Je devais en même temps procéder à l'introduction officielle en Bourse des actions et parts de la Société anonyme d'*Exploitations Foncières* que les syndicats détenaient *sans risques* en raison de la qualité de l'affaire, des bénéfices déjà réalisés et de la valorisation progressive d'un patrimoine immobilier de grand avenir.

Deuxième partie

POURQUOI IL FALLAIT ABATTRE LA GAZETTE DU FRANC, ET POURQUOI IL FALLAIT LE FAIRE AU 1er DÉCEMBRE 1928.

Ainsi notre puissance devenait inquiétante.

En effet, nous commettions deux crimes:

1° Nous attirions vers nous la clientèle des grandes banques et de toutes parts les directeurs de succursales des Sociétés de Crédit avisaient leurs sièges de cette dangereuse concurrence.

2° Nous inquiétions les grosses agences par le développement rapide de notre puissance de presse qui portait ombrage à leur monopole de fait.

En outre, nous avions innové avec quelque originalité. Nous n'acceptions pas de publicité financière. Nous ne recommandions que des valeurs étudiées par nos services et nous donnions toujours les motifs de notre opinion. Nous négligions enfin volontairement la puissance des groupes qui patronnaient les affaires en cours de lancement ou de placement.

Nous concourions à une façon de révolution en dirigeant les bénéfices financiers vers leurs ayant-droits naturels, les capitalistes, en abandonnant la trop facile pratique du « mur-publicité » si préjudiciable au public et en dotant les journaux de toutes catégories, normalement rémunérés, d'appréciations financières complètes, sincères, indépendantes, propres à faciliter au public une gestion clairvoyante de ses capitaux.

Nous nous attaquions enfin à une troisième puissance.

Il était dans mon programme par une disposition logique de déclarer la guerre aux maîtres chanteurs et d'essayer de ruiner leur odieuse industrie.

C'était là certes un dessein présomptueux, mais c'était aussi une nécessité. L'Etat, en effet, infidèle à sa mission, ne protège ni la finance, ni l'industrie, ni la vie privée. L'insouciance et la pusillanimité des pouvoirs publics rivalisent avec la lâcheté imprévue des victimes, le plus souvent honorables. Car il serait puéril de prétendre que seuls « chantent » les gens tarés ou coupables, en quête d'un silence indispensable.

L'instruction de l'affaire Anquetil suffit à révéler que les entreprises les plus honorables sont contraintes au paiement de cet impôt « supplémentaire ».

Toutes les banques, sans en excepter les sociétés de Crédit et les banques d'affaires, les sociétés industrielles et commerciales, les groupements économiques, les firmes mêmes modestes réservent un budget spécial aux maîtres-chanteurs parce que leurs attaques, si calomnieuses qu'elles soient, compromettent la prospérité et même l'existence des affaires les plus irréprochables.

Dans l'intérêt même de ma clientèle, j'avais, comme les autres, cédé aux pressions menaçantes dont j'étais l'objet, mais je résistais de plus en plus.

Il m'aurait cependant fallu chanter encore pendant quelques mois et préparer ma résistance définitive sur de solides appuis avant de déclencher l'attaque.

Aussi je m'accuse devant ceux qui m'avaient fait confiance, d'avoir méconnu leurs véritables intérêts et d'avoir surestimé ma puissance défensive contre le chantage.

Ce fut mon erreur. Ce fut la cause initiale de la catastrophe qui les atteint. On va le voir.

La Coalition

Depuis quelques mois, la grande banque dressait ses batteries.

Ses émissaires visitaient certaine presse financière et politique et lui proposaient des subsides pour engager des campagnes contre la *Gazette*. Des feuilles à gages attachaient le grelot. Certains distributeurs de publicité, en contact avec le Ministère des Finances, alertaient de hauts dignitaires de cette administration.

Premier résultat: ordres furent transmis aux services judiciaires de constituer un dossier sur la *Gazette du Franc*.

Or, les enquêtes ordonnées ne révélèrent rien de fâcheux ou même de défavorable. Malgré toutes les pressions renouvelées de septembre à novembre, en dépit de toutes les informations sournoises et tendancieuses, on ne put nous atteindre.

Après un examen approfondi du dossier, qu'on avait cependant voulu corser pour les besoins de la cause, les conférences gouvernementales conclurent à l'impossibilité d'une action judiciaire quelconque contre la *Gazette du Franc*.

Mais approchait le 1er Décembre, date fatidique.

On se souvient que mon organisation définitive entrait alors en vigueur. Elle m'eut rapidement rendue invulnérable (si tant est qu'on puisse jamais être garanti contre le « fait du prince »).

Par elle, certaines opérations, irréprochables dans le fond, n'auraient pu être exposées à des discussions et à des controverses touchant à la forme. Je préciserai plus loin.

En outre, il s'en fallait de quelques jours que les cours des actions et parts « Exploitations foncières » traitées alors au marché libre, ne fussent officialisés par la cote du Marché en banque (en attendant plus tard celle du Marché Officiel) et que l'ampleur normale des transactions permit aux syndicats de céder partie des titres dont ils étaient porteurs en réalisant des bénéfices rationnels.

Il fallait donc, sans délai, obtenir mon exécution. On employa les grands moyens.

L'Attaque

Durant qu'on déchaînait les organes de chantage, *La Rumeur*, de Gorges Anquetil, en tête, (je venais de l'éconduire assez brutalement) on signalait au Gouvernement le danger que présentait une émission comme celle des bons 8 % qui, se généralisant, lèserait gravement la grande banque en la privant rapidement d'importants dépôts.

A Paris, et en province, les grands établissements de crédit faisaient répandre de fausses nouvelles, on annonçait le krach de la *Gazette*, la cessation de paiements, la faillite, ma fuite, mon arrestation, etc., etc...

J'étais assaillie la nuit, au téléphone, chez moi ; on m'enjoignait de quitter la France, de sauver ma liberté menacée ou ma vie en danger, on m'offrait les moyens de fuir, durant que pendant le jour les appels à ma caisse de certaine presse se faisaient plus impérieux et, repoussés, se muaient en attaques violentes.

Cependant, mes opérations suivaient leur cours normal.

Car la campagne des banques seule ne m'eût point ébranlée, la clientèle la négligeant ou la dédaignant. Et puis, en tout état de cause ma situation financière me permettait de tenir tête à la panique qu'on voulait créer.

Je passe volontairement sous silence les attaques politiques qui s'ajoutèrent alors aux autres. Un détail cependant : M. Chéron, Ministre des Finances, se déclarait fort inquiet des énormes capitaux drainés par la *Gazette* dans sa région (à titre documentaire, je fis pointer, dès que je fus informée de cette préoccupation, le montant des capitaux engagés par la Normandie dans nos syndicats ; le chiffre s'élevait à 700.000 francs environ!!!)

Je demandai alors moi-même, dans le but de procurer tous apaisements au Gouvernement et à l'opinion, qu'on fit procéder, avec la plus grande discrétion évidemment, à une expertise officieuse de mes affaires.

Cette solution permettait de donner satisfaction à tous si l'affaire était saine et viable. Dans le cas contraire, les pouvoirs publics disposaient des rigueurs de la Loi.

Un rendez-vous fut organisé le 28 novembre avec MM. Benoist, Directeur de la police judiciaire et Pachot, commissaire aux délégations. Il eut lieu chez Pierre Audibert et nous tombâmes d'accord sur le nom des experts qui seraient préposés au contrôle de mes entreprises.

Il faut souligner que *La Gazette*, ni moi, ni l'une quelconque de mes affaires ne faisaient alors, et jusqu'au 3 décembre inclus, *l'objet d'une seule plainte ou de la moindre réclamation*. Fait bien significatif après l'offensive menée, çà et là, depuis quelques mois!

C'est à l'issue de cet entretien avec MM. Pachot et Benoist que je demandai à ces deux magistrats une protection contre M. Georges Anquetil, d'autant plus urgente que, comme la veille, je devais le lendemain lui remettre 75.000 francs.

Je n'ai pas l'intention de faire ici le procès de l'ancien directeur de la *Rumeur*. C'est devant le Tribunal Correctionnel, où je l'ai conduit, que seront instruits les méfaits de l'homme qui rançonna Paris de 13 millions en moins de quinze mois. Les débats ne manqueront pas d'éclairer d'un jour singulier la complaisance ou la pusillanimité des pouvoirs publics, la lâcheté de victimes mal protégées d'ailleurs, et la liaison de certains « compartiments » policiers avec le maître-chanteur dont l'inexplicable impunité accroissait l'insolente audace.

Aussi n'éprouvai-je qu'une stupéfaction relative lorsque MM. Benoist et Pachot m'annoncèrent leur impuissance à me prémunir contre les exigences de Georges Anquetil et que le second prononça alors cette phrase redoutable et pleine de sens pour moi qui étais assaillie comme on sait:

« *Imaginez que la grande presse entame la campagne* « *à son tour, le Parquet sous sa pression se verrait* « *obligé d'agir.* »

Quel aveu troublant! Quelle menace suspendue sur mes affaires! Quelle étrange prévision!

Cependant, j'avais confirmation le *vendredi 30 Novembre* que le gouvernement avait satisfaction par l'expertise officieuse que j'avais demandée.

Les ministres confirmaient à leurs amis et aux journalistes qu'aucune action n'était engagée contre la *Gazette du Franc.*

A l'insistance du rédacteur en chef d'un puissant journal, le ministre de l'Intérieur répondait par cette formule: « Il n'y a rien ».

A la section financière du Parquet, à la Police judiciaire, au commissariat de la Bourse, on démentait catégoriquement tous les bruits répandus volontairement et faussement.

Avisés, comme je l'étais moi-même de cette situation, mes adversaires jouèrent leur va-tout.

La prédiction de M. Pachot allait se réaliser : la grande presse entrait en lice.

Fut-elle trompée et aveuglée elle-même? Ce n'est point ici la question à résoudre. Celle-ci est d'ailleurs si complexe et si délicate qu'il serait peut-être téméraire de prétendre démêler l'exacte vérité.

Mais ce qui est grave, c'est qu'un Gouvernement s'avère impuissant à résister à ces campagnes de presse déclanchées avec fracas.

Ce qui est plus grave encore, c'est que sur l'injonction du pouvoir politique s'arrogeant la qualité de plaignant, la Justice puisse être contrainte d'intervenir sur l'heure, sans prudence et sans ménagements.

Troisième partie

L'Assassinat

Donc, sans que quiconque ait déposé une seule plainte, sur la seule injonction du Gouvernement, on décrétait l'assassinat.

Le dimanche soir, 2 Décembre (c'est le 30 novembre que s'était produite la première agression de la grande presse provoquant de ma part des protestations et des rectifications), M. Pachot me priait de me rendre le lundi matin à huit heures au cabinet du Procureur de la République, pour m'y entendre imposer les trois experts désignés par le Parquet pour procéder à une enquête « officieuse », à marche foudroyante.

Alors qu'officiellement la section financière du Parquet avait déclaré quarante-huit heures plus tôt qu'avant d'accepter même l'expertise officieuse demandée par moi, elle procèderait à une enquête personnelle et discrète chez les agents de change, banquiers et coulissiers, ainsi qu'à la Banque de France, au Mouvement des fonds, brutalement sans autre fait nouveau que les articles de presse, on déclanchait bruyamment l'appareil judiciaire.

L'Arbitraire Judiciaire

Comment expliquer l'heure matinale, sinon par la nécessité de suivre un horaire si bien prévu que, *dès le lundi,* on annonçait ma venue à la prison de St-Lazare!

Comment expliquer, puisque les experts n'avaient point commencé leur examen, que dès mon entrée dans le cabinet de M. Pressard le lundi 3 décembre à huit heures du matin, j'étais en fait prisonnière gardée à vue?

C'est à M. Prince, chef de la section financière, qu'incomba le soin d'établir le premier procès-verbal de l'affaire et c'est à lui que Me Alfred Dominique et moi nous adressâmes une première et véhémente protestation.

Car il se passa ceci d'inouï, d'incroyable, que le dossier remis aux experts ne contenait que deux documents:

1° Le numéro du 2 décembre d'un journal hebdomadaire à la solde de la Banque Générale du Nord.

2° La dénonciation d'un employé renvoyé pour faits graves.

Et ce fut l'expertise. L'un des experts, aujourd'hui disparu de l'affaire et dont les attaches avec la grande banque sont d'ailleurs de notoriété publique, donnait sur l'heure à sa mission officieuse un caractère d'exécution brutale durant qu'inutilement j'essayais d'aiguiller les opérations dans une voie normale.

J'insistai peu d'ailleurs, vite fixée, en raison du parti-pris évident qui présidait aux opérations.

En six heures d'horloge (!) obéissant aux ordres reçus, ces Messieurs établirent un rapport... oral et sommaire concluant à une culpabilité vraisemblable.

Or plus de six mois se sont écoulés depuis que se poursuivent les investigations techniques et le rapport des experts n'est pas encore déposé.

Qu'on se soit donc basé sur un examen aussi rapide et superficiel que celui du 3 décembre 1928 pour décider deux arrestations; qu'à onze heures du soir la police ait envahi les locaux hors ma présence, chassé les employés encore au travail, qu'elle ait traité la *Gazette* en pays conquis enfin, n'est-ce pas là, l'éclatante vérification de l'arbitraire déjà établi par l'inexistence du dossier?

Qu'on ait laissé publier partout le lendemain « 22.000 francs en caisse, c'est là tout l'actif de la puissante entreprise », qu'on ait affolé l'opinion publique jusqu'à provoquer quelques suicides, qu'on ait inculpé pêle-mêle une vingtaine de personnes — les unes pour satisfaire des rivalités ou des inimitiés politiques, les autres pour équilibrer celles-ci, et les dernières pour faire nombre et bien gonfler l'affaire (n'a-t-on pas consolé certains accusés en leur annonçant le non-lieu en même temps que l'inculpation?) c'est là, par dessus tout le détestable scandale.

Les coffres étaient pleins, — l'inventaire dura trois mois — les disponibilités, espèces caisse et banques, atteignaient plus de six millions, malgré les remboursements des derniers jours. Les éléments d'actif importants (immeubles, participations, etc...) étaient déjà connus.

Les pouvoirs publics avaient l'élémentaire devoir de rectifier les erreurs colportées. Qu'ils ne l'aient pas rempli, c'est une preuve supplémentaire de la volonté de destruction qui conduit toute cette affaire.

Les Drames

Car il y eut cinq suicides. Cinq malheureux lecteurs de journaux qui crurent à l'escroquerie, à leur ruine irrémédiable.

Et moi qui suis sans remords, parce que sans responsabilité, je demande à M. Poincaré, informé par moi officiellement le dix décembre, je demande au magistrat instructeur, je demande à la Justice éclairée dès l'abord par les experts et par le Syndic, qui est comptable de ces morts-là?

Le devoir impérieux ne commandait-il pas devant les exagérations et les mensonges publiés de souligner d'abord et avant tout l'existence et l'importance de l'actif ?

Mes Protestations

J'ai, pour ma part, fait enregistrer au dossier, non sans lutte, mes protestations, mes mises au point.

Le 30 décembre: « Je constate que les poursuites judiciaires ont été déclanchées par des campagnes de

« chantage. Il était aisé, sans préjudice des vérifications « utiles, d'éviter les ruines et les suicides accumulés « dont on veut me faire porter la charge, alors que com- « mencent à apparaître les vrais responsables. »

Le 6 janvier 1929: « J'affirme que, contrairement à « l'inculpation, l'actif général de la *Gazette du Franc* « est supérieur à son passif. »

Le 13 janvier 1929: « Je proteste contre les campa- « gnes de presse qui se poursuivent et entraînent l'ins- « truction dans des voies détournées, aveuglant ainsi « l'opinion publique et faussant à ses yeux la situation « matérielle et morale de la *Gazette du Franc.*

« Les intérêts considérables de la clientèle, seule vic- « time réelle, sont ainsi méconnus. Les uns s'affolent, « les autres se suicident. Or, ils devraient savoir que l'ac- « tif est là, très important.

« Les milliers de clients de la *Gazette* dont il est « la propriété devraient s'unir sans retard. S'ils agissent, « ils ne perdront rien. S'ils tardent, ils ne perdront pas « tout, mais ils perdront beaucoup.

« Je lutte, moi, de toutes mes forces, mais je suis ré- « duite à une quasi-impuissance. »

Une Singulière Défense de l'Épargne

Ainsi donc, le 3 décembre au soir, c'était gagné pour mes adversaires.

Il était regrettable évidemment que ma fuite ou mon suicide n'aient pas sanctionné les mesures prises. Mais non, j'étais là.

Qui donc se souciait des véritables, des nombreuses victimes, des clients de la *Gazette du Franc* enfin?

Qui donc se préoccupait de sauver leurs capitaux? La masse? Quantité négligeable. De quel droit réclamerait-elle? Ne venait-on pas d'invoquer sa défense avec ostentation?

Ne fallait-il pas plutôt la punir de sa coupable infidélité envers les établissements de crédit?

Ne fallait-il pas que le sacrifice de son patrimoine lui enseignât pour l'avenir que seul est légitime l'intérêt de 1 1/2 % que lui distribuent les banques en conservant par devers elles les bénéfices supplémentaires. Bénéfices réalisés en majeure partie avec les capitaux que le public leur remet en dépôt et qui ne devraient pas quitter leurs caisses. Obligation si bien respectée par les banques que pour éviter des krachs retentissants on a dû voter en 1914 une loi d'exception et depuis lors modifier toute la jurisprudence sur les dépôts en banque.

Faut-il ajouter que pour parfaire cette œuvre de protection de l'épargne l'actuel Ministre des Finances a récemment constitué une commission permanente?

Qui donc la compose?

Les hauts fonctionnaires du Comptoir National d'Escompte, du Crédit Lyonnais, de la Société Générale, c'est-à-dire les représentants d'établissements qui ont spolié l'épargne de plusieurs milliards, on le verra plus loin.

M. Lehideux, président de l'Union Syndicale des Banquiers de Paris et de Province, siège également à cette commission. A ce dernier on ne peut refuser un sens aigu de l'humour. N'a-t-il pas, dans une récente interview, fait cette déclaration?

« Pour assainir, il suffirait d'un seul article de loi : Il est interdit d'être poire; toute personne convaincue d'avoir été poire sera condamnée à l'amende ».

Où sont les poires?

Parmi les clients de la *Gazette du Franc* ou parmi les clients des grandes banques, victimes des usages en cours, dont voici quelques exemples cités récemment par un hebdomadaire financier?

« La commission de compte, en particulier, est un
« véritable scandale. Beaucoup en ignorent le fonction-
« nement. Cette commission de 0,25 pour 1.000 francs
« est calculée sur le total de la colonne du débit (ou du
« crédit) du compte courant. Ainsi, vous versez un chè-
« que de 10.000 francs, la banque vous prend 2 fr. 50.
« Vous faut-il un exemple saisissant? Un négociant a un
« solde moyen de 20.000 francs portant 1 % d'inté-
« rêt. Il a un mouvement annuel de 500.000 francs. La
« Banque le débite de 125 francs. Le compte ayant pro-
« duit 200 francs d'intérêt, il reste 75 francs, soit 0,37 %
« décaissé par la banque!!!!

« Dans un certain nombre d'établissements, on ne
« prend plus la peine d'arrêter en intérêt les comptes
« ayant des soldes inférieurs à 10.000 francs!

« Autre exemple: Une lettre adressée à certains clients
« d'une grande succursale d'agence les informe que le
« tarif des frais d'encaissement de chèques sur Paris est
« de 2 francs pour 1.000 francs, minimum 3 francs par
« chèque, crédit dès réception de l'avis d'encaissement,
« plus un franc d'avis d'encaissement. Avez-vous bien
« saisi? Un chèque tiré par le Crédit Lyonnais par
« exemple sur la succursale de la Banque Nationale de
« Crédit qui serait à vingt mètres de là coûterait à tou-
« cher 20 francs plus un franc d'avis d'encaissement,
« soit 21 francs. Ajoutons pour être complet la commis-
« sion de compte soit 2 fr. 50: total: 23 fr. 50!!! De
« plus, vous ne pourrez disposer de l'argent que lors-
« que toute la paperasserie des agences et des sièges au-
« ra bien voulu faire suivre l'avis d'encaissement, c'est-
« à-dire 5 jours, 8 jours, qui sait 15 jours plus tard!!!

« Or qui ne sait que les chèques remis dans les ban-
« eues sont presque tous réglés en Chambre de com-
« pensation, c'est-à-dire par un simple jeu d'écritures,
« sans décaisser un centime pour des milliers de chè-
« ques, valant des millions de francs!!!!!

Où sont les poires?

Chez les clients de la *Gazette du Franc*, ou chez les rentiers et les capitalistes français ruinés grâce à M. Poincaré qui, en stabilisant à 125 francs une livre sterling dont la valeur était de 100 francs sur le Marché mondial, a sacrifié définitivement les 4/5 du patrimoine national?

Où sont les poires?

Chez les clients de la *Gazette du Franc* ou chez les salariés et retraités, les déposants des caisses d'Epargne et de la Caisse des Retraites pour la vieillesse, les titulaires de rentes viagères, les créanciers des départements, villes et établissements publics, les obligataires des Chemins de fer et du Crédit Foncier, les orphelins de guerre et les pupilles de l'Etat, les œuvres de bienfaisance, d'assistance, de mutualité, d'épargne et de prévoyance, chez tous ceux en un mot qui supportent plus que tous autres les conséquences de l'altération monétaire et qui sont payés en véritable monnaie de faillite?

Où sont les poires?

Chez les clients de la Gazette du Franc, qui ont encaissé des bénéfices et retrouveront leurs capitaux, ou chez les clients des banques qui ont, à l'appel de celles-ci, alimenté de leurs deniers les affaires suivantes dont le sort fut plutôt fâcheux?

Affaires en liquidation judiciaire

Chantiers et Atel. de la Gironde	Capital	75	millions
Tramways d'Aix-les-Bains	—	8	—
Union Charbonnière Vosgienne ..	—	10	—
Grande Brasserie Coopérative ..	—	6	—
Papeteries Marguette	—	5	—
Sté Agricole marocaine Jacma ..	—	12	—

Affaire rayée d'office de la cote

Société Française Gardy	—	8	—

Affaires en faillite

Forges Fremaux	—	5	millions
Société Acia	—	3	—
Sucreries d'Angra	—	12	—
Sté Joesten et Nord, Centre	—	16	—
Tonnelleries mécan. du Sud-Ouest	—	4	—
Sté des Huiles et Graisses végétales.	—	3	—
Sté du Meuble massif	—	6	—

Où sont les poires?

Chez les clients de la *Gazette du Franc* ou chez les épargnants dont les banques ont englouti les capitaux dans les emprunts suivants?

6 milliards 056 millions	de francs or des divers emprunts russes non cotés actuellement.
1 milliard 725 millions	de francs Obligations diverses chemin de fer russe émises entre 460 et 490 Frs. or cotent entre 44 et 49 Frs. papier, soit 9 à 10 Frs. 05.
37 millions	050.000 francs or Obligations Chine 5 % 1911 émises à 507 Frs. 50 or, cotent 926 Frs. papier, soit 185 Frs. 05.
20 millions	francs or Obligations Province Bahia émises à 480 Frs. or cotent 551 Frs. papier, soit 110 Frs. or.
145 millions	francs or Obligations Bulgarie 4 % 1907 émises à 450 Frs. or cotent 659 Frs. papier, soit 131 Frs. or.

151 millions	810.000 francs or Chemins de fer nationaux du Mexique émises à 469 Frs. or cotent 321 Frs. papier, soit 64 Frs. or.
65 millions	francs or Haïti 5 % 1910 émises à 442 Frs. or cotent 764 Frs. papier, soit 153 Frs. or.
110 millions	francs or Grèce 4 % 1910 émises à 437 Frs. 50 or cotent 305 Frs. papier, soit 61 Frs or.
75 millions	francs or Madrid Cacérès Portugal émises à 303 Frs. 75 or cotent 440 Frs. papier, soit 88 Frs. 05 or.
250 millions	francs or Central Pacific Railway émises à 447 Frs. 50 cotent 1.990 Frs. papier, soit 398 Frs. *or et ont failli à leurs engagements de remboursement en* 1925.
62 millions	500.000 francs or Port de Para émises à 452 Frs. 50 or cotent 236 Frs. 50, soit 47 Frs. or.
8 milliards 698 millions	*Total impressionnant pour ce court extrait d'une liste complète par emprunt et par banque émettrices que je publierai quelque jour.*

Où sont les poires? Et où sont les coupables? La démonstration n'est-elle pas faite ainsi du crime que doivent expier, avec moi-même, tous ceux qui m'investirent de leur confiance?

N'est-il pas prouvé aussi que le Gouvernement, après avoir donné satisfaction aux banques en abattant la *Gazette du Franc,* travaille à consolider leur monopole de fait?

Le mépris des intérêts des clients de la Gazette, l'acharnement systématique avec lequel, depuis le 3 décembre, la Justice poursuit la dévalorisation de l'actif social qu'elle bloque par surcroit et pour partie, les menaces dirigées contre les créanciers coupables de ne pas accepter passivement la spoliation qui se prépare, ne révèlent-ils pas la pensée qui a présidé à l'offensive contre la *Gazette du Franc?*

La Faillite voulue

Les Faillites écartées

Ainsi, on demandait, le 10 décembre, au Tribunal de Commerce de prononcer la faillite de la *Gazette du Franc,* de toutes mes entreprises et de moi-même.

Les juges consulaires, dont on connaît l'indépendance, m'entendirent, s'intéressèrent à l'exposé de Me Alfred Dominique et, s'ils crurent, en raison de la cessation matérielle des paiements, devoir prononcer la faillite de la *Gazette du Franc,* ils écartèrent par contre ma faillite personnelle, la faillite de la *Cie Générale Financière et Foncière,* de l'*Interpresse,* etc...

Ce fut la première résistance apportée à l'œuvre de destruction. Les clients de *La Gazette du Franc,* ce jour-là, n'ont peut-être pas compris quelle victoire importante ils remportèrent, car ces faillites je n'avais voulu les éviter que dans leur intérêt et non pour mon profit personnel, puisque si l'actif de la *Gazette* est inférieur au passif lors de la reddition des comptes, ils recevront, en vertu de mes engagements et tous règlements opérés, mon actif personnel qui sera fort important. (*Annexe n° 1*).

Le même jour, 10 décembre, le Président du Conseil recevait de moi une lettre dénonçant le coup de force pratiqué contre une entreprise saine, soulignant le danger auquel étaient exposés, en dépit d'un actif au moins égal au passif, sept mille braves gens que le jugement déclaratif de faillite condamnait à la plus périlleuse des attentes.

Encore des Manœuvres Arbitraires

Mais tout était mis en œuvre pour justifier inculpations et arrestations.

A Paris, en province, la clientèle était intimidée, rudoyée, menacée. *On lui imposait le dépôt de plaintes. On* poussait même la complaisance jusqu'à lui remettre à cette fin, des formules rédigées par des auxiliaires de la Justice eux-mêmes.

Mieux encore, on convoquait les agents de la *Gazette* qui s'employaient à grouper la clientèle en vue de sa défense, dans les préfectures, dans les commissariats pour leur intimer l'ordre de cesser toutes démarches sous peine d'être inquiétés personnellement. On a même exécuté récemment cette menace à l'égard d'un d'entre eux, créancier lui-même de plus d'un million de francs.

C'est dans ce même temps que les inculpations pleuvaient en avalanche sur tous ceux qui de près ou de loin touchaient à mes entreprises. Il fallait bien « grossir » l'affaire.

Et tel un roman cinéma à épisodes, le scénario bien réglé permettait le rebondissement journalier.

Durant près de quarante jours, la justice alimenta la presse de cette admirable pâture. Les journaux d'opinion s'en mêlèrent. Les adversaires politiques s'entre-déchirèrent. Tous en étaient. Dans les couloirs de la Chambre, comme au Palais les noms circulaient.

L'instruction se faisait sur la place publique, le juge conduisait son enquête suivant les indications de l'extérieur, sans direction, sans méthode, dans la crainte manifeste des attaques politiques et aussi avec un besoin surprenant de publicité.

Au cours des interrogatoires, des confrontations, ne l'ai-je pas vu maintes fois, rassemblant à la hâte ses dossiers, descendre chez le Procureur de la République ou chez le Procureur général pour y recevoir les ...inspirations d'en haut?

La séparation des pouvoirs, condition de l'indépendance de la justice, n'étant plus qu'un mythe, quelle autorité et quelle valeur peut avoir un dossier d'accusation à la constitution duquel collabore le pouvoir exécutif et qu'on entr'ouvre même devant le Parlement?

Mais la Justice s'affolait d'autant plus que la vérité commençait à se faire jour. Comment dès lors justifier les inculpations?

Si le 3 décembre, l'actif dépassait le passif et si en conséquence la clientèle retrouvait ses capitaux, où était l'escroquerie?

Où serait, d'autre part, l'abus de confiance à l'égard d'une clientèle dont les fonds confiés aux fins de spéculation avaient été employés conformément à leur destination qui comportait, par extension, la valorisation et la défense des affaires auxquelles cette clientèle était intéressée?

L'Éloquence des premiers chiffres Officiels

Le 2 février dernier, le Parquet exigeait la communication des premiers chiffres d'ensemble recueillis par les syndics et les experts et pendant quelque temps, devant les constatation flagrantes, le zèle judiciaire se réfrénait. Les permières libertés provisoires étaient accordées. La Presse la plus hostile faisait machine arrière.

La Justice soulignait ainsi, par son revirement, l'énorme bévue qu'elle avait commise en détruisant un organisme prospère et sain. C'est d'ailleurs avec mauvaise humeur et pour ainsi dire contrainte, qu'elle accepta, provisoirement d'ailleurs, la leçon des chiffres.

Sans mes protestations et mes appels, sans les efforts incessants de Me Alfred Dominique, sans le concours d'un journaliste indépendant et désintéressé, la clientèle de la *Gazette du Franc* n'eut pas été informée et n'eut pas songé à organiser sa défense.

L'Intrusion Officielle de la Politique dans l'Instruction

Cependant, le 8 Mars, à la séance de la Chambre, divers interpellateurs, dont un « affairiste » colonial réputé, se faisaient l'écho des légendes stupides du premier jour. A leur initiative, et sans tenir compte des précisions que j'avais fournies spontanément dès le 16 février sur l'origine des fonds de la *Gazette*, ordre était donné aux experts de déposer d'urgence un rapport circonstancié.

Et ceux-ci qui, jusque-là avaient dédaigné mes offres de collaboration à l'expertise, m'invitaient à l'improviste, le 94e jour de l'instruction, à leur donner des éclaircissements sur ce point particulier.

C'en était trop!

Je refusai, en plein accord avec mon avocat, d'enrichir l'information et le dossier de parlementaires ou de ministres aux prises dans une enceinte politique. Et le 12 mars dernier, j'adressai au Président du Conseil une lettre dont on me dit qu'elle a singulièrement accru son hostilité à l'égard des inculpés. (*Annexe n° 2*).

Quatrième partie

LA JUSTICE EN LUTTE CONTRE L'ÉVIDENCE

Les Auxiliaires de la Justice

La Justice, dès la publication de la lettre adressée au Chef du Gouvernement, publication dont elle avait pu mesurer la répercussion sur le public, n'eut plus qu'une préoccupation: discréditer mes chiffres et ruiner mes affirmations. Un moyen relativement aisé s'offrait à elle d'égarer l'opinion. Il suffisait de dévaloriser l'actif et d'opposer ainsi aux miens des chiffres différents.

Ses auxiliaires s'attelèrent aussitôt à cette tâche. Elle avait été préparée d'ailleurs par un des experts, M. Mulquin, dont j'avais déjà signalé l'étrange attitude, et par Me Philippe de Las Cases, avocat de certaines parties civiles, que sa passion personnelle et sa collaboration avec un agent d'affaires incitèrent à oublier que ses clients étaient avant tout des créanciers préoccupés de résultats matériels. Je ripostai à la manœuvre qui s'amorçait en m'adressant aussitôt au juge instructeur :

Monsieur le Juge,

« *Un journal prête à l'un des experts commis par vos* « *soins, un certain nombre de déclarations tant sur leurs* « *investigations que sur les origines de la poursuite.*

« *Je proteste avec force contre la violation flagrante* « *du secret professionnel qui aurait ainsi été commise* « *par un collaborateur de la Justice et je souligne avec* « *indignation l'inexactitude et la légèreté des affirma-* « *tions qui lui sont attribuées.*

« *Il vous apparaîtra également singulier que Me de*

« *Las Cases puisse recevoir en dehors de vous des infor-*
« *mations fantaisistes qui lui permettent d'affirmer,*
« *faussement d'ailleurs, que certaines valeurs pétrolifé-*
« *res ou foncières n'appartiennent pas à la clientèle de*
« *la* Gazette du Franc... »

Les Méthodes du Parquet

Peu après, et pour toute réponse, la presse publiait la note suivante:

« *Au milieu de décembre dernier, on déclarait cou-*
« *couramment que l'inventaire des documents trouvés*
« *dans les bureaux de la Gazette du Franc deman-*
« *derait plus d'un mois Et l'on s'étonnait de ce délai*
« *jugé très long. Ce délai, pourtant a été dépassé large-*
« *ment. C'est qu'il s'agissait surtout de faire le bilan des*
« *titres découverts rue de Provence et non seulement*
« *rue de Provence, siège central de la Gazette du Franc,*
« *mais encore dans toutes les filiales de province.*

« *Cet inventaire, après de laborieuses investigations,*
« *vient d'être terminé par M. Coutant, syndic. Ce der-*
« *nier en a établi la valeur au* 10 *décembre* 1928 *et les*
« *a décomposés ainsi :*

« 1° *Les titres de la clientèle retrouvés dans les cof-*
« *fres de Madame Hanau s'élèvent à* 20.200.000 *francs.*

« 2° *Les titres dont le syndic a obtenu la rentrée —*
« *ces valeurs avaient été souscrites et non versées —*
« *s'élèvent à* 7.526.000 *francs.*

« 3° *Les titres de la clientèle qui se trouvaient dans*
« *les coffres de la Compagnie Générale Financière et*
« *Foncière et qui atteignent le chiffre de* 3 *millions.*

« *Ce qui donne au total* 30.726.000 *francs auxquels*
« *il faut ajouter les titres de la Compagnie d'Exploita-*
« *tion Foncière et la « Royale des Pétroles » qui, au* 10
« *décembre, n'étaient pas cotés en Bourse. En plus, il*
« *y a l'actif immobilier qui n'est pas définitivement*
« *évalué, mais qui, d'après les estimations des experts,*

« *doit être inférieur à celui déclaré par Mme Hanau.* »

Note d'autant plus surprenante dans son anonymat que son auteur présumé, Me Coutant, déclara qu'il était tout à fait étranger à sa rédaction et à sa diffusion. Que faire? Crier mon indignation? C'est ce que je fis sur le champ.

« *Je proteste contre la date du 10 décembre, seule* « *choisie pour l'évaluation de l'actif de la Gazette du* « *Franc. C'est le 3 décembre que j'ai été victime du* « *coup de force de la justice et dont la première consé-* « *quence a été la fermeture de la Banque.*

« *C'est ce jour-là d'abord, qu'en équité, les évalua-* « *tions doivent être établies. Mon avocat, Me Alfred* « *Dominique, avait d'ailleurs pris le soin de souligner* « *cette nécessité à M. le Substitut Prince, le 3 décembre* « *au matin, avant l'expertise officieuse dont les conclu-* « *sions étaient aussi connues à l'avance que mon arres-* « *tation l'était pour le lendemain.*

« *Je proteste contre le chiffre de 30 millions 726.000* « *francs livré à la presse avec une hâte bien étrange. Il* « *est inexact. Je réclame un pointage contradictoire qui* « *fera apparaître des erreurs ou des oublis, volontaires* « *ou involontaires.*

« *Il est faux aussi de prétendre que la* « *Royale des* « *Pétroles* » *et les* « *Exploitations Foncières* » *n'étaient* « *pas cotées. Si elles ne l'étaient plus le 10 décembre* « *par la faute de la justice, les transactions enregistrées* « *jusqu'au 3 décembre fixent le cours du titre à cette* « *date. En outre leur valeur intrinsèque n'est pas con-* « *testable et il est vraiment trop facile de les évaluer à* « *zéro.*

« *En ce qui concerne les expertises foncières encore* « *en cours, je me réserve de souligner prochainement* « *l'inacceptable méthode d'estimation que vous avez* « *imposée au technicien choisi par vous et qui tend en-*

« *core à dévaloriser, aux yeux d'une opinion qu'on s'ef-*
« *forcera d'abuser de nouveau, un actif immobilier con-*
« *sidérable et à ruiner une entreprise sur laquelle la*
« *Gazette du Franc pouvait fonder les plus légitimes*
« *et les plus brillantes espérances.*

« *Pour me résumer, j'affirme à nouveau que le 3 dé-*
« *cembre l'actif de la* Gazette *était supérieur à son*
« *passif, à la condition bien entendu de ne passer sous*
« *silence des postes importants comme par exemple,*
« *pour n'en citer qu'un seul, celui des espèces en caisse*
« *et banque, qui se chiffrent à six millions environ.*

« *Je repousse donc catégoriquement les chiffres pu-*
« *bliés.*

« *Mais je constate:*

« *I. — Qu'ils sont bien éloignés des* 22.000 *francs*
« *d'actif du premier jour;*

« *II. — Qu'ils s'écartent des miens de* 19 *millions*
« *environ;*

« *Or, comme j'alignais* 140 *millions d'actif pour* 120
« *millions de passif, nous arriverons donc encore à un*
« *actif égalant le passif, ce qui se passerait de commen-*
« *taires, si ce n'était justement cette situation connue de*
« *vous depuis longtemps, qui conditionne le parti pris*
« *avec lequel vous conduisez votre instruction dans tous*
« *les compartiments.*

« *Eh bien! quelles que soient les dévalorisations in-*
« *justifiées que vous fassiez subir à tous les postes d'ac-*
« *tif, vous ne pourrez pas faire qu'il ne soit d'ores e*
« *déjà patent qu'en tout état de cause la faillite de la*
« *Gazette du Franc se liquidera par une grosse réparti-*
« *tion. Et je pose la question suivante: Quel établisse-*
« *ment financier serait en posture identique après avoir*
« *subi le traitement dont la* Gazette du Franc *fut l'ob-*
« *jet...?*

Est-il besoin de dire que le pointage contradictoire réclamé par moi n'est point encore effectué?

Faut-il préciser enfin les réserves formelles auxquelles m'astreignaient à l'avance les méthodes d'évaluation de l'expert foncier, M. Caziot, chargé par l'instruction d'apprécier l'actif immobilier de la Société d'Exploitations Foncières?

L'Expertise Caziot

Le 18 avril, dans l'après-midi, M. le Juge Glard me fit en effet connaître les conclusions du rapport Caziot. Protocole dérisoire au surplus, puisque, dès la veille, avaient été livrés à la presse une analyse et des extraits de ce document (*Annexe n° 3*).

Je dus me contenter, ainsi que les administrateurs de *la Société d'Exploitations Foncières,* de formuler les objections graves que soulevait l'examen, même superficiel, du rapport de M. Caziot (*Annexes n°s 4 et 5*).

Il n'est guère possible de discuter ici comme elle le méritait, l'expertise foncière. Tout au plus me sera-t-il permis de présenter deux ou trois remarques:

1° M. Caziot a été naguère l'agent du Crédit Foncier. N'est-ce pas découvrir les méthodes même d'évaluation de la puissante institution de prêt immobilier? Elles ressemblent à s'y méprendre aux procédés d'estimation des experts du Mont-de-Piété. Prenons un exemple connu de tous: un brillant de 100.000 francs est couramment estimé de 10.000 à 15.000 francs. M. Caziot s'est donc conformé à l'usage en évaluant à 19 millions environ un ensemble de propriétés, expertisées à diverses reprises par des techniciens connus et réputés, au delà de 110 millions.

2° M. Caziot est en outre un théoricien « dont la tendance systématique est basée sur un postulat de dévaluation généralisée de la propriété terrienne en France et qui détermine les valeurs immobilières en fonction de ces théories et non d'après les prix couramment pratiqués selon le jeu de l'offre et de la demande! »

Peut-être n'est-il pas téméraire de supposer que « son penchant philosophique à la sous-cotation » le désignait par avance au choix de la Justice?

3° M. Caziot, malgré leur insistance, s'est refusé à accepter la collaboration des administrateurs de la Société d'*Exploitations Foncières*, qui s'étonnent d'autant plus de cet évincement qu'une phrase de son rapport laisse entendre qu'il utilisa leurs informations.

4° M. Caziot enfin n'a pas voulu tenir compte des prix de vente des diverses propriétés, ventes normales et passées devant notaire.

De nouvelles expertises feront justice de ce travail outrancier.

Soulignons, dès maintenant, que postérieurement au rapport Caziot, plusieurs ventes ont été effectuées à Boulogne-sur-Seine sur les prix de base de la Société.

Option à 7 millions 1/2 de francs du golf de Lys-Chantilly a été donnée à un groupe, alors que le chiffre d'estimation de M. Caziot s'élève seulement à 2.500.000 francs. Ces deux exemples démontrent à la fois le crédit que mérite cette expertise et le danger qu'elle fait courir à la Société foncière et à ses actionnaires (en l'espèce les clients de la *Gazette du Franc*) car les acheteurs peuvent être fâcheusement impressionnés par ces chiffres « officiels ».

On arrête ainsi nettement — ce que personne ne saurait ignorer — les transactions régulières d'une Société en pleine exploitation et on favorise évidemment toutes les spéculations sur les terrains et sur les actions.

Un péril de cette nature n'est nullement imaginaire. La publicité qui accompagne tous les actes de l'information judiciaire concourt à son aggravation. Elle a paru, en tous cas, intolérable à une grande association fondée pour la défense des droits individuels et résolue à exiger de tous la stricte application des lois.

Les Brimades

C'es alors que le magistrat instructeur n'hésita pas à user de son pouvoir régalien pour entraver tous les efforts tentés par une inculpée en faveur de ses créanciers. Il supprima tous rapports utiles entre celle-ci et l'extérieur. Et l'extérieur, ce sont les collaborateurs même de la justice, tels que syndic et administrateurs judiciaires. Précisons un peu.

Il va de soi que pour l'évolution des opérations de la faillite et la liquidation des diverses sociétés, pour la fixation du passif et de l'actif et, d'une façon générale, pour la solution des mille problèmes, graves ou insignifiants, que pose la faillite elle-même, un contact étroit entre le syndic, les administrateurs judiciaires et moi est indispensable. La multiplicité infinie des pièces de comptabilité dont le dépouillement et l'examen s'imposent comme une nécessité d'ordre absolu, s'oppose également à ce que les vérifications s'effectuent au greffe ou au parloir d'une prison.

Les représentants des créanciers et des biens personnels de deux des inculpés, ainsi que le liquidateur d'une Société en voie de dissolution, avaient déjà à diverses reprises provoqué avec les tiers intéressés, au siège même de la *Gazette du Franc,* des réunions nécessaires. C'est ainsi que durant la première phase de l'instruction, les intérêts considérables que nous possédons, notamment dans la *Sté d'Exploitations Foncières,* furent débattus contradictoirement dans diverses réunions, et que s'ébauchaient enfin des accords propres à sauvegarder le patrimoine des créanciers.

Or depuis quelques semaines, le juge d'instruction refuse systématiquement de délivrer les ordres d'extraction, invitant avec quelque ironie, syndic et administrateurs à conférer avec moi à la prison. Mesure de rigueur que justifierait, paraît-il, l'indocilité d'une inculpée insuffisamment respectueuse à l'égard du juge d'instruction. En fait, une telle claustration, et c'est là le but poursuivi, compromet, en la paralysant, la défense des droits et des intérêts de la masse créancière. (*Annexe n° 6*).

Le Groupement Central de Défense des Clients de la Gazette du Franc

Mes protestations, les appels à la solidarité des créanciers, l'éloquence des chiffres publiés ne pouvaient rester sans effet sur les intéressés. Mais c'est au *Flambeau Financier* que revient surtout le mérite d'avoir réuni les isolés qui s'adressaient à lui de toutes parts en raison de sa courageuse campagne.

Son directeur leur ouvrit ses colonnes.

Un Comité provisoire se constitua, composé de clients décidés à défendre leur patrimoine.

Ainsi naquit le Groupement Central de Défense des Clients de la *Gazette du Franc,* dont un communiqué judiciaire s'efforça récemment de discréditer à l'avance l'autorité en le présentant comme inféodé aux intérêts de Madame Hanau et destiné à « préparer sa réhabilitation ».

Dans ce Comité figurait M. Payen-Broquet, un des plus récents agents de la *Gazette du Franc* pour la région du Nord. Préalablement, M. Payen-Broquet avait été un des clients de cette même *Gazette du Franc.* Ses proches et lui sont créanciers d'un million à la faillite.

L'activité du Groupement se manifestait. Il publiait son programme, il rassemblait plus de 2.500 adhérents et 80 millions de créances et il convoquait pour le 26 mai une Assemblée générale.

Qu'envisageait ce programme? Citons quelques lignes.
1° « Suivre avec zèle toutes les opérations de la faillite

et garder avec le syndic un contact à la fois étroit et confiant.

2° « Saisir, s'il est nécessaire, l'opinion, le Gouvernement et même le Parlement de ses revendications, qui sont celles de « l'épargne publique », dont on parle toujours et dont on se moque si souvent.

3° « Rappeler au besoin, aux représentants de la Justice répressive que l'action publique, infiniment respectable, ne saurait cependant être conduite de telle sorte qu'elle risque de sacrifier délibérément les intérêts matériels et moraux de milliers de braves gens. »

Une nouvelle iniquité

Cette force naissante devait inquiéter une Justice qui l'avait constamment dédaignée. Des inculpés, on les brime, on les immobilise, on les baillonne, mais des milliers de braves gens qui défendent légitimement leur avoir et se révoltent devant la ruine menaçante, comment les juguler, les paralyser?

C'était bien simple, il suffisait d'employer la même méthode de discrédit, d'intimider et de compromettre ceux dont les initiatives étaient tenues pour gênantes. Et sous le prétexte, à peine invoqué d'ailleurs, qu'à titre d'agent M. Payen-Broquet aurait fait état auprès de sa clientèle, de la collaboration d'hommes politiques à la *Gazette du Franc*, le juge lui notifiait une inculpation de complicité d'escroquerie et d'abus de confiance, à laquelle, bien entendu, il assurait peu après une éclatante publicité.

Parmi tous les scandales de cette affaire, celui-ci est l'un des plus pénibles.

Quand donc la responsabilité civile et pénale du magistrat compensera-t-elle son pouvoir exorbitant?

Déshonorer de parti pris un honnête homme sans passé comme sans reproches, le livrer à la malignité publique, en l'atteignant du même coup dans sa vie matérielle, ne sont-ce pas là des attentats que devraient sanctionner des responsabilités effectives?

C'est avec indignation que fut accueillie l'inculpation de M. Payen-Broquet. Le Comité du Groupement en transmit aussitôt l'expression au Ministre de la Justice :

Monsieur le Garde des Sceaux,

« *Le Comité provisoire du Groupement est profon-*
« *dément ému par les termes même du communiqué de*
« *presse suivant lequel leur collègue M. Payen-Bro-*
« *quet serait inculpé, d'abord parce qu'il aurait fait*
« *état auprès de sa clientèle de la collaboration d'hom-*
« *mes politiques au journal* La Gazette du Franc
« *et ensuite parce qu'il aurait récemment coopéré à la*
« *constitution de notre groupement de défense.*

« *Le Comité constate d'abord que la collaboration*
« *effective à la* Gazette du Franc, *sous forme de let-*
« *tres, d'articles ou d'interviews, d'hommes d'Etat ou*
« *de personnages politiques n'est ni contestable ni con-*
« *testée et qu'il est bien imprudent de prendre d'office*
« *la défense des intéressés en dehors de toute protesta-*
« *tion de leur part.*

« *Il déclare ensuite :*

« 1° *Que les créanciers de la faillite de la* Gazette
« du Franc *ont bien le droit de se grouper pour la*
« *défense de leurs intérêts communs, à l'abri et sous*
« *la protection des lois de la République, et qu'ils*
« *avaient d'autant plus le devoir de prendre une telle*
« *initiative que, depuis le 4 décembre dernier, personne*
« *en dehors d'eux-mêmes, n'a songé à la sauvegarde de*
« *leurs intérêts et qu'ils peuvent ainsi clairement me-*
« *surer ce que vaut la « défense de l'épargne » lors-*
« *qu'elle est confiée aux seuls pouvoirs publics.*

« 2° *Qu'il proteste contre tous procédés d'intimida-*
« *tion destinés à compromettre l'existence d'un organis-*
« *me qui, respectueux de la justice, entend user de son*

« *libre droit, et en affirmant hautement qu'il a été* « *exclusivement créé pour la seule protection des inté-* « *rêts collectifs et individuels des créanciers de la* Ga- « zette du Franc *et non* « *pour la réhabilitation de* « *Mme.Hanau* » *comme on l'a inexactement publié.*

Ce douloureux incident m'autorise une fois encore à crier publiquement à un groupement à l'action duquel je ne puis qu'être étrangère :

« *Vous êtes inattaquable et fort de votre droit.* On veut votre ruine. Défendez-vous. Si, vous, créanciers, vous ne résistez pas au bloquage et à la dévalorisation systématique de vos capitaux vous serez en fin de compte dépouillés.

« Suivez de près aussi les opérations de la faillite. Me Coutant trouvera en vous des collaborateurs naturels. »

La Liquidation de la Faillite

Il est évident, en effet, qu'à défaut de mesures concertées, la clôture de la faillite ne se produira pas avant plusieurs années. C'est l'aveu même du syndic.

En conséquence, et normalement si, au 3 décembre 1928, une répartition de 100 % correspondait à la réalité, de combien sera réduite cette répartition en 1930, 1931 ou 1932 et comment seront dévalorisés les multiples postes d'actif?

L'Agent d'Affaires Columeau et Me de Las Cases

Il n'est pas superflu, avant de clore ce chapitre, d'esquisser le rôle joué par deux personnages dont la sollicitude pour la clientèle de la *Gazette du Franc* s'éveilla inopinément le 4 décembre : M. Léon Columeau et Me Philippe Las Cases. Leurs titres ? Le premier est un agent d'affaires dont la réputation ne semble guère impeccable. Il fonda, le jour ou même la veille de mon inculpation, un comité de défense des « souscripteurs (?) de la Gazette du Franc » et il s'assura la collaboration d'un avocat à la Cour, Me de Las Cases. Collaboration qui prit un caractère d'étroite solidarité puisque le nom de l'avocat à la Cour figurait à côté de celui de Léon Columeau, au bas de quelques circulaires adressées à leur commune clientèle.

L'agent d'affaires se réserva les productions de faillite. L'avocat à la Cour devint le conseil de créanciers transformés en plaignants et même en parties civiles. De la sorte, il leur fut loisible de puiser à pleines mains dans le dossier de l'instruction.

On vit les deux associés, au Palais et à la ville, se répandre en propos alarmants, provoquer la publication de toutes les informations tendancieuses, multiplier les interviews hostiles, seconder tous les efforts de dévalorisation, applaudir à toutes les tentatives de sous-évaluation. Pendant qu'ils engageaient par ailleurs des procès susceptibles de perpétuer les opérations de la faillite et de ruiner toute espérance d'une répartition rapide.

Comment ces deux personnages peuvent-ils justifier une tactique qui ne peut que compromettre les intérêts pécuniaires de leurs clients, créanciers avant tout? Ces derniers dédaigneraient-ils d'aventure les dividendes ultérieurs? Dans le cas contraire, comment tolèrent-ils que leurs conseils préparent à la fois, en prêtant la main à toutes les manœuvres de dévaluation, leur spoliation et les spéculations les plus cyniques?

Le Groupement Central de Défense des Clients de la Gazette du Franc a relevé avec force l'étrangeté — pour ne pas dire plus — d'une telle méthode de défense (*Annexe n°* 7).

Cinquième partie

L'Expertise

Les Experts

Les conclusions orales du 3 décembre 1928 présentées par M. Israel furent suivies d'un rapport écrit dont l'imprécision et pour tout dire la pauvreté suffit, dit-on, à inquiéter pour l'avenir l'un de ses auteurs. Il portait, notons-le, la signature de MM. Israel, Doyen et Léon.

Quelques jours plus tard, M. Léon donnait sa démission. Il fut remplacé par M. Mulquin.

Peu après, et pour des raisons demeurées mystérieuses, M. Israel était brusquement remplacé par M. Gauchet.

L'Expert Mulquin

Jeune, sans situation et sans clientèle, M. Mulquin accueillit comme une aubaine l'ordonnance qui l'adjoignait à un spécialiste réputé comme M. Doyen. L'affaire de la *Gazette du Franc* devint son affaire. Il transporta son cabinet rue de Provence et là donna libre carrière à un zèle dont le Parquet qui en connaît les mobiles, escompte les résultats.

Ses attaches avec des journaux conservateurs ou fascistes lui permirent d'inonder périodiquement la presse de communications d'une perfidie savamment calculée. A l'intérieur, l'activité policière qu'il déploya, épiant et dénonçant employés ou visiteurs, parut elle-même si anormale aux fonctionnaires de la police qu'ils éprouvèrent quelque malaise de ce secours inattendu. Le syndic et les administrateurs judiciaires ne furent pas davantage épargnés. Sur eux aussi, il exerça sa surveillance et il mit tout en œuvre pour entraver l'exercice naturel de leur mission. Deux rapports sommaires établis et rédigés par lui continrent des erreurs si flagrantes et si étranges que ses collègues lui traduisirent l'émoi qu'elles leur causaient et que le Juge d'Instruction, qui les constatait, invoquait en sa faveur, vis-à-vis de la défense, le caractère précaire et provisoire de ces rapports. Bien entendu, ceux-ci avaient été rédigés sans que j'eusse été invité par leur auteur — auquel MM. Doyen et Gauchet avaient nécessairement fait confiance — à cette façon de collaboration au moyen de laquelle s'effectue d'ordinaire la recherche loyale de la vérité.

Enfin, vers le 8 mars 1929, après 94 jours d'instruction, les experts, à la diligence du Gouvernement interpellé à la Chambre, me prièrent de leur fournir sur l'origine des fonds de la *Gazette* des précisions qu'en fait le dossier contenait depuis plus d'un mois. On comprendra que je n'ai pas accepté, à cette occasion, de couvrir la curieuse anomalie d'une expertise poursuivie en dehors et à l'insu même de la principale intéressée. Il me fallut manifester à MM. Doyen et Gauchet mes regrets d'une fin de non recevoir qui s'adressait avant tout à M. Mulquin.

Le Rapport des Experts ?

Les indiscrétions commises par ce dernier, son acharnement, sa docilité aux suggestions du Parquet permettent dès maintenant de deviner les conclusions du rapport dont on annonce périodiquement le dépôt incessant. Elles ne décevront ni les puissances qui exigèrent la chute de la *Gazette du Franc*, ni le Gouvernement qui la décida, ni la Justice qui la précipita.

L'expertise — et des précédents cautionnent mes prévisions — n'est dans une affaire de cette nature, que le moyen technique propre à justifier l'intervention judiciaire et à préparer des condamnations dont le taux lui-même est fixé à l'avance. Il ne faut rien laisser au hasard, n'est-il pas vrai?

La méthode qui a présidé à la confection et à la rédaction du rapport ne consiste pas à fonder sur des chiffres irrécusables un ensemble des déductions comptables. L'expertise a édifié une construction dont l'architecture a pour but de réaliser le plan audacieux de la Justice.

Elle entend tirer parti de l'incomplète mise à jour de la comptabilité sans se soucier de la proximité de la fin d'année et de la transformation générale de mes affaires au 1er décembre 1928, qui expliquent, sans que le fait soit anormal à ce moment, le défaut d'apurement de certains comptes.

Les griefs relevés

On me reprocherait tout d'abord, paraît-il, *d'avoir aliéné indûment les titres remis par les clients en règlement de leur participation syndicale* et de m'être ainsi rendue coupable d'abus de confiance à leur égard.

Le fait en lui-même est exact.

J'ai disposé, en effet, des titres que je recevais en couverture, comme des espèces qui m'étaient envoyées aux mêmes fins, ainsi que l'exigait l'intérêt même des opérations pour lesquelles le Syndicat avait été constitué. Pratique incontestablement licite pour diverses raisons.

1° L'acte d'adhésion au syndicat stipulait en effet que l'adhérent « règle le *montant de sa participation* par la remise de... espèces ou de titres, dont la nomenclature suit ».

2° Les syndicataires ne pouvaient ignorer qu'ils participaient à des opérations spéculatives.

3° Il leur était concédé l'avantage de percevoir au cours du trimestre le montant de leurs coupons.

4° Moyennant un préavis de un mois avant l'échéance trimestrielle, ils recevaient, à la date fixée, des titres de même nature et pour la même valeur.

5° Comment aurait-on pu d'ailleurs admettre que la situation de tous les membres d'un syndicat n'ait pas été strictement la même et qu'il y ait eu deux catégories de syndicataires, dont les droits auraient été différents selon qu'ils auraient réglé leur participation en espèces ou en titres?

6° Enfin les opérations réalisées sur les titres des syndicataires étaient effectuées pour le compte du syndicat.

Faut-il préciser que la jurisprudence considère la couverture remise à un banquier en vue d'opérations de Bourse comme un « paiement par anticipation »? Et que le syndicataire qui revendiquerait ses titres devrait, s'il obtenait gain de cause, et en contre-partie, acquitter le montant intégral de sa participation?

Alors où est l'abus de confiance? Quelles sont les victimes?

Je rappelle d'ailleurs — pour établir à la fois mon droit et ma bonne foi — qu'à compter du 1er décembre 1928, les participations syndicales devaient être remplacées par des Bons à 8 % dont la délivrance était précédée d'un contrat qui précisait, sans discussion possible, les obligations analysées plus haut.

Faut-il enfin et surtout souligner qu'avant le 3 décembre 1928, il n'y avait eu de la part de qui que ce soit, ni plainte ni réclamation? Tous les clients avaient eu satisfaction. Sans le coup le force, ils l'auraient encore et ils ne se plaindraient pas davantage.

Un autre reproche me serait adressé, *celui d'avoir distribué des bénéfices fictifs!*

Qui donc se plaint, qui donc a été lésé par la répartition effective de millions de gains réalisés partie en Bourse, partie sur la valorisation progressive d'actions en portefeuille?

Le troisième grief serait *la fictivité des six sociétés* anonymes « Cie Générale financière et foncière », « Union française d'émission et d'introduction », « Société des valeurs au comptant », « Société syndicale foncière », « Consortium financier de Bourse et de gestion », « Omnium des valeurs françaises et étrangères ».

Il est exact que les souscripteurs de ces diverses sociétés ont réglé au moyen des fonds prêtés par moi, selon d'ailleurs un usage assez répandu. Mais les actions de ces sociétés n'étaient nullement destinées à un placement dans le public. Enfin les souscriptions avaient été libérées en espèces, au moyen de versements chez le notaire, selon le vœu essentiel de la loi.

Et je ne sais pas beaucoup de sociétés anonymes, même parmi les plus connues, les plus importantes qui seraient sans reproche si, à la suite d'un coup de force judiciaire analogue à celui du 3 décembre, on « épluchait » leur constitution.

Et là encore, qui fut lésé? Toutes ces Sociétés, sans passif ou chez lesquelles l'actif excède largement le passif, seront l'objet de liquidations heureuses et faciles.

Quel crime impressionnant qu'une infraction de cette nature perpétrée dans de telles conditions!!!

Resterait enfin *l'escroquerie?*

La Justice prétenderait-elle, comme le premier jour, que la *Gazette du Franc* n'était qu'une entreprise illusoire? Les bilans dressés par les administrateurs ou syndics nommés par le Tribunal de Commerce suffiraient à ruiner une telle imputation. Encore qu'il me soit impossible d'accepter les évaluations de titres à une date autre que celle du 3 décembre.

Tentera-t-on de contester la légitimité des cours de certains titres, notamment des actions et des parts de la *Société d'Exploitations Foncières?* Qui donc permettrait à un juge d'instruction ou à un Tribunal d'incriminer les cours de 310 fr. pour les actions, de 725 francs pour les parts bénéficiaires, couramment pratiqués en Bourse jusqu'au 3 décembre.

L'évaluation fantaisiste d'un actif immobilier autoriset-elle, par hasard, l'action publique à imposer son arbitrage et sa cotation?

A chacun son métier. Et, sans me piquer de pédagogie professionnelle, qu'on me permette de rappeler que les cours de Bourse s'expliquent et se justifient par des considérations multiples et complexes, au premier rang desquelles s'offrent les perspectives d'avenir d'une entreprise, ces réalités de demain.

Perspectives d'autant plus sérieuses qu'il s'agit ici d'une affaire immobilière dans laquelle le Conseil d'administration ne cesse de déployer une grande activité et de réaliser des aménagements considérables, facteurs incontestés d'une valorisation progressive.

Opposerai-je aux cours normalement pratiqués des actions et des parts de la *Société d'Exploitations Foncières* qui attendaient d'ailleurs leur prochaine cotation officielle, ceux d'un grand nombre d'affaires dont les animateurs n'ont jamais été inquiétés par qui que ce soit? (*Annexe n°* 8).

Signalerai-je enfin, à titre documentaire, quelques exemples tirés notamment de l'examen des diverses sociétés foncières et immobilières?

Pharos. — Actions de 100 francs cotent 201 fr. après avoir atteint 1.400 francs en 1925. La Société a réalisé en 1924 et en 1925 des bénéfices supérieurs à son capital.

Foncière de l'Argentine. — A été capitalisée en 1925, *après* remboursement de son capital et en tenant compte de la valeur boursière des actions et des parts à cinq fois son capital initial.

Foncière de France. — Bien que la Société n'ait jamais distribué de dividende, les actions de 500 francs cotent 3.150

Foncière du Nord. — Les actions de 500 francs cotent 1.010.

Foncière Immobilière, Ville d'Alger. — Les actions de

100 francs cotent 310 francs, cours exclusivement basé sur les perspectives d'avenir.

Immeubles de France. — Malgré de nombreux avatars, cette Société voit coter ses actions de 500 francs à 1.740 francs.

Foncière de Hendaye. — Sans distribution de dividende depuis sa fondation en 1910, et malgré une dette obligataire importante, les actions de 100 francs de cette Société cotent 160 francs.

etc... etc... etc...

Or, aucune de ces Sociétés ne peut cependant être comparée à la *Société d'Exploitations Foncières* dont les immeubles et les terrains sont nets de toute hypothèque et dont la situation financière est particulièrement saine, puisque le seul passif important est le propre capital de la Société et que celle-ci n'est grevée d'aucun emprunt. D'autre part, les projets et les réalisations en cours justifient des espérances exceptionnelles.

Sixième partie

Quelques Constatations

Voici maintenant la situation générale de l'ensemble de mes affaires le 3 Décembre 1928, avant le coup de force.

Une observation s'impose ici. Il est possible que sans dossiers, sans mementos, privée par le juge d'instruction d'un droit de regard efficace sur la comptabilité, je puisse commettre quelques erreurs de chiffres. Elles ne sauraient affecter toutefois l'exactitude générale du bilan.

D'autre part, la présentation que j'ai adoptée n'est peut-être pas rigoureusement technique. Elle permet, par contre, une lecture claire et rapide de la situation générale, l'actif et le passif étant dépouillés de tous les éléments inutiles ou obscurs.

Le rapport des experts qui s'inspirera, lui, d'autres préoccupations, comportera sans doute un bilan imposant dont tous les postes appelleront un vaste apurement.

Situation approximative au 3 décemb. 1928

ACTIF

Caisse et Banques . . . . Fr.	6.000.000	»
Titres divers (coffres et banques) en jeure partie rentes, obligations, etc	50.000.000	»
Immeubles et installations (rue de Provence, Sézanne, Lille, Marseille, Benerville)	15.000.000	»
Débiteurs divers	mémoire	
Actions et parts Exploitations Foncières	74.000.000	»
Titres de la Cie Gle Financière et Foncière (valeur nominale)	20.000.000	»

(sont représentés par 10.000.000 en en caisses espèces ou titres et 10 millions apport : baux, installation des des agences, affaires en cours, achalandage, fonds de commerce, etc...)		
Titres des 6 Sociétés Filiales représentés par des espèces et des titres en caisse	17.000.000	»
Titres de la Sté Anonyme « Gazette du Franc »	10.000.000	»
Parts fondateurs « Gazette du Franc »	mémoire	
Titres de la Sté Anonyme « Interpresse »	1.000.000	»
Installation, matériel, documentation et Interpresse	mémoire	
Titres de la Sté des « Imprimeries Lafayette »	625.000	»
Espèces dispon. comptes personnels..	445.000	»
Installations et propriétés personnelles	3.000.000	»
Débiteurs personnels divers	150.000	»
	197.000.000	»

PASSIF

Clientèle et divers, environ ......Fr.	130.000.000	»
Participation (Mme Hanau) et divers environ	40.000.000	»
	170.000.000	»

Il faut remarquer l'importance des postes non chiffrés, indiqués pour mémoire et constater, sans autres commentaires, que cette situation, reflet d'une indiscutable prospérité, réduit à néant la thèse de l'entreprise chimérique et par là même l'imputation d'escroquerie.

Le fait du Prince

En haut lieu, comme au Palais, nul n'ignore cette démonstration des chiffres et des faits, mais il est malaisé, dans la voie de l'arbitraire, de s'arrêter à mi-chemin. L'arbitraire, ce moyen de gouvernement à l'aide duquel, au gré des circonstances, on suspend ou on précipite l'intervention du pouvoir judiciaire! L'arbitraire, instrument de salut ou de ruine, utilisé selon la loi souveraine de l'opportunité et le jeu des influences!

Qui ne se souvient qui voici une dizaine d'années, un établissement de crédit dont le Président du Conseil d'Administration était un député, ancien Ministre des Finances, faisait l'objet de plusieurs centaines de plaintes. Ses directeurs étaient inculpés, des perspectives de banqueroute s'ouvraient implacablement devant les administrateurs apeurés. Lorsque par une série de mesures connues de tous les milieux informés, au mépris de toute justice, on évita la faillite, on liquida les plaintes et on spolia les actionnaires au moyen de décisions judiciaires qui s'inspiraient seulement de la « raison d'Etat ».

Une démission opportune rendit à la plénitude de la vie parlementaire le Président de cet Etablissement qui, pourvu, entre temps, d'un mandat sénatorial, transporta au Luxembourg la quiétude d'une conscience impeccable et les exigences d'une ambition que chacun s'employa bientôt à satisfaire.

Et pendant qu'en ce début de juin 1929, ce haut personnage collabore à l'établissement même du budget national et que s'acheminent vers lui les revendications matérielles des magistrats, me voici incarcérée et exposée aux rigueurs d'une loi pénale fondée, paraît-il, sur l'équité.

Mes Collaborateurs et Moi

Peut-être, par lassitude ou par dédain, aurais-je été amenée à accepter le destin qu'on me prépare, s'il n'accablait aussi d'autres victimes que menace la même iniquité: ce sont mes collaborateurs.

Il est démontré par l'instruction, par les faits, par mes propres précisions que je suis seule responsable.

Seule, j'ai dirigé la banque et seule j'administrais les Sociétés anonymes.

Seule, ma signature valait et engageait.

Seule, j'ai manié les capitaux de la clientèle.

Seule, j'ai géré ses intérêts.

Seule, j'ai subventionné les entreprises de presse.

Seule, je devrais donc rendre des comptes à ceux qui se sont arrogés le droit d'en demander.

Or, il y a 25 inculpés.

Je passerai sous silence leurs titres, leurs qualités, leur passé, leur valeur technique. Tout cela importe peu. Ce qui compte ici, c'est une innocence dont on fait bon marché.

Lazare Bloch

La première arrestation fut celle de Lazare Bloch.

Préposé à la direction générale des agences et des démarcheurs, il ne joua d'autre rôle que celui d'un employé supérieur, soumis à mes instructions, placé sous mon contrôle. Il ne participait en rien à l'administration intérieure. S'il fut, en sus, co-gérant de syndicats avec M. de Courville, ils n'exercèrent ni l'un ni l'autre, des fonctions qui, en réalité, me furent dévolues.

Enfin, les évènements lui ont permis, dès le 3 décembre, de fournir une preuve éclatante de sa bonne foi. A cette date il était en Italie, et coupable, il aurait pu aisément se dérober à l'action de la justice française. Il décida, au contraire, de précipiter son retour dès qu'il fut informé de la gravité de la situation.

Son avocat, Me Henry Torrès vient, dans une lettre adressée au Juge d'Instruction, de procéder à une mise au point magistrale du cas de Lazare Bloch.

Pierre Audibert

Pierre Audibert, Directeur politique du journal *La Gazette du Franc et des Nations*, directeur d'*Interpresse* fut immédiatement après l'objet d'une véritable lettre de cachet.

Quelle était sa situation? Celle de tous les directeurs de journaux, en face de leur commanditaire. *La Gazette du Franc et des Nations* jouissait d'une pleine autonomie et était entièrement indépendante de l'organisme bancaire. Je la subventionnais et j'assumais la rédaction et la responsabilité de la partie financière qui, seule, pourrait être logiquement incriminée.

Même position à *Interpresse*. Je dirigeais seule les rubriques financières de tous les organes affermés.

Justice est faite aujourd'hui de la légende qui représentait Pierre Audibert, vis-à-vis d'un public qu'il aurait contribué à abuser, comme une caution morale de premier plan.

Pierre Audibert ignore tout de la comptabilité, de la banque, de la bourse. Il n'avait au surplus aucun droit de regard.

Aussi l'acharnement des haines politiques qui le poursuivent ne suffit-elle plus à expliquer une inculpation arbitraire ni le prolongement scandaleux d'une détention inhumaine.

Paul Hersant

A Paul Hersant, chef de mon contentieux, inculpé et arrêté le 6 décembre, on reproche sa collaboration juridique à la transformation de la *Gazette du Franc*, en oubliant que, sous mes ordres, il était simplement chargé de rassembler les matériaux indispensables à la constitution de diverses sociétés anonymes. Grief d'autant plus inacceptable que la constitution de ces Sociétés fut effectuée par un officier ministériel dont l'intervention n'a pas cessé d'être jugée irréprochable.

M. de Courville

Pour M. de Courville, co-gérant de syndicats avec Lazare Bloch, administrateur de la Gazette et de la Cie Générale Financière et Foncière, il a été aisé d'établir (et mes déclarations d'ailleurs y contribuèrent) que ses fonctions normalement remplies n'entraînaient de sa part qu'une responsabilité d'ordre secondaire.

Robert Gilot

Quant à Robert Gilot, fondateur d'*Interpresse,* c'est dans la basse exploitation des inimitiés politiques dont sont l'objet les anciens ministres avec lesquels il collabora, qu'il faut rechercher les motifs réels de son inculpation et de sa trop longue détention.

M. de Chevilly

Le malheureux comte de Chevilly, employé subalterne, préposé aux simples signatures par ordre, a subi, lui aussi, pendant plusieurs semaines, les rigueurs de la prison préventive sans qu'on ait pu prélever contre lui autre chose qu'un semblant de charges.

Les Souscripteurs aux Sociétés

Viennent enfin la plupart des souscripteurs aux diverses Sociétés dont les noms importent peu. Comment seraient-ils coupables?

Leur innocence est impuissante d'ailleurs à excuser, tout au moins pour quelques-uns d'entre eux qui se reconnaîtront sans fierté, la lâcheté de leurs reniements à mon endroit et l'imposture de leurs déclarations.

Le dernier acte de l'Instruction

Donc, prochainement — espérons-le tout au moins — le rapport d'expertise sera déposé. Son aspect essentiel a été esquissé.

Il est d'usage, paraît-il, qu'en semblable matière, les intéressés demandent une contre-expertise.

Peut-être ne me conformerai-je pas à cette tradition. Quelle sécurité m'apporteraient de nouveaux experts désignés par le Parquet, c'est-à-dire à sa dévotion et à ses ordres?

Une suggestion

Et puisqu'il est maintenant avéré que des mesures d'exception furent employées de bout en bout contre la *Gazette*, peut-être serais-je fondée à réclamer à mon tour une procédure nouvelle?

Je suis prête à m'incliner devant l'arbitrage, la contre-expertise d'une commission spéciale, dont le Parquet désignerait les membres d'accord avec moi. Ceux-ci seraient, bien entendu, des techniciens indépendants et avertis. Que dirait-on d'un Comité d'expertise composé d'un expert-comptable, d'un agent de change, d'un administrateur d'une grande banque d'affaires, d'un coulissier, d'un administrateur d'une Société foncière importante et d'un directeur de journal financier de compétence reconnue?

L'Avenir prochain

Puisque j'ai intitulé ces notes : « *La vérité sur la Gazette du Franc* », elle ne serait point entière s'il y manquait l'atmosphère psychologique.

Evoquerai-je les lâchages, les vilenies, les trahisons qu'il me fallut subir au delà de toute imagination?

Affolés et terrés, aucun de ceux qui émargèrent, aucun de ceux qui collaborèrent étroitement et connurent mon programme, mes affaires, les haines conjurées contre moi, aucun de ceux qui jusqu'à fin novembre faisaient figure d'amis, de thuriféraires ou d'obligés, aucun de tous ceux-là n'a eu le courage d'élever la voix contre l'universel concert de calomnies.

J'avais certes prévu ces abandons. Ils me furent cependant cruels.

Il fallut qu'à mes côtés, dressé seul contre tous et quelquefois contre moi-même que le dégoût inclinait au dédain et au renoncement, il a fallu que mon défenseur, Me Alfred Dominique, fit tête et défendit âprement la cause de la vérité sans souci des représailles auxquelles il s'exposait, pour que se ressaisissent, se groupent de nouveau les amitiés réconfortées, les sympathies retrouvées, les encouragements désintéressés et aussi les intérêts lésés qui me permettent aujourd'hui de mener la lutte avec une force accrue.

J'en ai fini.

Conclusion

J'ai tenté de relater loyalement, objectivement, des faits corroborés par des chiffres et des documents.

J'ai voulu aussi me dépouiller de toute la passion, de toute l'indignation, de toute la révolte qui bouillonnent en moi aussi violemment en ce 187e jour de prison qu'au soir du 3 décembre, quand ma raison se refusait à réaliser la catastrophe, à admettre l'écroulement total, à mesurer l'ignominie de la vie que mes responsabilités et mon devoir m'imposaient d'accepter.

Y ai-je réussi pleinement?

J'ai défini, en commençant, les objectifs qu'il m'importait d'atteindre. Si j'y suis parvenue, tout est bien. Si j'ai échoué, les justes fins que je poursuis portent en elles une telle force de vérité que je ne pourrais désespérer encore de leur victoire.

Au-dessus de la Justice professionnelle, hargneuse ou complaisante, enchaînée à la puissance politique, il y a la Justice des esprits libres, inaccessibles à toute contrainte.

C'est à celle-là seule que, sans présomption et sans crainte, je viens ici faire appel.

8 *Juin* 1929.

Annexe n° 1

Lettre de Mme Hanau
à Mr Moulin, Administrateur de ses biens personnels

11 mai 1929,

Monsieur l'administrateur,

Je viens de prendre connaissance du relevé comptable de mon actif personnel établi par vous.

Je dois vous indiquer qu'il est incomplet.

Le coup de force de la Justice m'a surprise le 3 décembre en pleine organisation.

Mes comptables travaillaient chaque soir à la mise à jour des écritures en retard, sans que cela, vous le savez, soit anormal à cette époque de l'année, l'ajustement devant se faire au 31 décembre.

A cette date, mon compte personnel aurait été crédité de sommes considérables qui me porteront créancière importante de la Gazette du Franc.

Il est donc nécessaire de procéder à une mise au point immédiate.

En outre, lorsque le Tribunal de Commerce, après une défense énergique de notre part, m'eût personnellement écarté de son jugement de faillite, le 10 décembre, ainsi d'ailleurs que les diverses Sociétés indépendantes de la Gazette du Franc, *je m'empressai de déclarer catégoriquement à M. Glard que j'avais lutté non dans un but d'intérêt personnel, mais dans le désir de sauvegarder l'intégralité d'actifs importants que j'entendais ne pas conserver, mais apporter aux clients de la* Gazette.

Chaque fois que j'en ai eu l'occasion, je vous ai réitéré, ainsi qu'à M. Coutant, cette résolution.

Or, après règlement de mes créanciers personnels, je suis certaine qu'il me restera disponible un avoir important que j'entends abandonner à la faillite de la Gazette du Franc, *car je ne veux pas subir un autre sort que mes clients victimes de la Justice dans le scandale le la Gazette.*

Je vous prie de bien vouloir communiquer cette lettre à M. Glard et à Me Coutant à toutes fins utiles et vous en remercie.

Recevez, Monsieur...

MARTHE HANAU.

P. S. — Dans la nomenclature de mon actif, il convient d'ajouter : Actions « Interpresse », Parts et actions « Gazette du Franc », Parts fondateur « Langrand », Actions « Caisse Générale de Banque », qui ont été omises.

Annexe no 2

Lettre de Mme Hanau
à Mr le Président du Conseil.

Paris, le 12 mars 1929.

Monsieur le Président du Conseil,

Le 3 décembre 1928, vous avez, en jetant le poids de votre autorité et de votre fonction dans la balance de la Justice, provoqué ce que l'opinion publique appelle le « krach de la Gazette du Franc *». Ce jour-là, vous fûtes le seul plaignant.*

Aujourd'hui encore et par vous, le pouvoir politique intervient dans la marche de l'instruction ouverte à votre initiative.

Vous avez en effet permis que fut évoquée à la Chambre une affaire soumise à l'examen de la Justice et que des informations d'une incroyable fantaisie puissent être impunément produites à la tribune du Parlement, par des interpellateurs dédaigneux des intérêts des inculpés et de leurs droits de défense.

Mieux encore M. le Garde des Sceaux, répondant à un « affairiste » notoire, a ouvert publiquement le dossier même de l'affaire en soulignant les ordres que sur un point nettement défini, il avait donnés à M. le Procureur Général.

Vous n'éprouverez donc pas d'étonnement, Monsieur le Président, en me voyant, à mon tour, intervenir dans un débat qui présente pour moi quelque intérêt.

Il n'y a pas de krach de la Gazette du Franc.

Il n'y a pas d'escroquerie de la Gazette du Franc.

Ses prétendues victimes sont en position d'obtenir le remboursement des fonds qu'elles lui ont confiés, parce que ses fonds sont représentés dans les caisses, espèces ou titres de la Gazette du Franc, *aujourd'hui* 9 *mars, comme ils y étaient le* 3 *décembre* 1928, *sans miracle aucun.*

Certains chiffres d'ailleurs sont connus officiellement et vous savez qu'ils se suffisent à eux-mêmes.

Sans dossiers ni comptabilité et ne m'exposant qu'à des erreurs sans gravité, j'affirme :

1° *Que le passif de la clientèle s'élève à* 120 *millions environ;*

2° *Que l'actif à répartir s'élève à* 140 *millions, savoir:*

7.000.000	environ d'espèces;
50.000.000	de titres, dont la presque totalité se compose de rentes françaises, obligations de villes, fonds d'Etat et le solde de titres de négociation courante *aux marchés officiels* du Parquet et de la Coulisse;
10.000.000	d'immeubles non hypothéqués;
74.000.000	de valeurs foncières gagées par des immeubles non hypothéqués.

Voilà pour la situation particulière de la Gazette du Franc *et de ses créanciers.*

Car en ce qui concerne la situation générale de mes entreprises, compte tenu des chiffres ci-dessus, le total de l'actif général, y compris mon patrimoine personnel, atteint environ 205 *millions contre* 170 *millions de passif.*

Voilà pour l'escroquerie.

Maintenant un mot pour protester contre une légende édifiée par une certaine presse — et à la diffusion de laquelle a concouru M. le Garde des Sceaux — sur l'origine des fonds de la Gazette du Franc.

Faut-il rappeler que j'ai spontanément, le 16 *février dernier, remis à M. Glard un historique de la* Gazette du Franc *où sont précisés tous les versements de fonds?* Ceux-ci, je le répète, me sont entièrement personnels.

Ce document, s'il l'avait connu ou produit, aurait permis au ministre de la Justice de satisfaire la curiosité de M. Outrey et de déjouer la manœuvre par laquelle on tente d'atteindre les hommes politiques qui donnèrent au Journal La Gazette du Franc *une collaboration régulière ou accidentelle.*

Je m'élève aussi avec indignation contre toute assimilation de mes opérations financières à des entreprises de jeu et de spéculation pure. Aucune expertise ne saurait établir que j'ai effectué des placements suspects, que j'ai joué à la Bourse et que j'ai engagé des opérations hasardeuses.

J'ai acheté, dans d'excellentes conditions, des titres de premier ordre, cotés aux marchés officiels, que j'ai revendus avec des bénéfises appréciables et réguliers.

J'ai patronné, je patronnais, j'allais patronner des affaires diverses, industrielles, minières, foncières spécialement sur lesquelles je réalisais, pour ma clientèle, des bénéfices réguliers et normaux, quand on m'a brutalement arrêtée, en pleine action.

Car, si j'ai opéré à la manière de tous les banquiers et financiers sérieux, c'est avec cette différence que les bénéfices allaient à la clientèle au lieu d'alimenter ma caisse personnelle au delà des participations normales.

C'est d'ailleurs là, et vous le savez bien, monsieur le Président, la cause initiale de ma chute.

La Grande Banque ne permet pas qu'on « entame son monopole » et qu'on dénonce ses abus.

Je me rencontre, ici, sans le désirer, avec M. Chastanet, auquel il serait piquant de rappeler que le vulgarisateur de sa campagne en faveur de l'épargne est précisément M. Anquetil, cet autre protecteur de l'épargne publique.

Pour me résumer, je n'ai, moi, à me reprocher ni les milliards de mauvais placements des grandes banques, ni l'emploi illicite, pour des fins personnelles, de fonds confiés en dépôt.

Le 3 décembre 1928, je n'avais pas non plus, moi, besoin d'un moratorium.

Aussi, puis-je attendre, sans trop d'appréhension, en dépit d'étranges procédés d'expertise, les conclusions de l'information judiciaire ouverte contre mes collaborateurs et moi.

Il importe même peu qu'à travers la province, les parquets — démarcheurs inattendus — aillent solliciter des plaintes à domicile.

Mais je ne récrimine pas, et le but de cette lettre est bien différent.

Le 10 décembre dernier, je vous écrivais :

« J'affirme qu'il ne s'agit ici pour moi, ni de me dé-
« fendre personnellement, ni de diminuer des respon-
« sabilités que je revendique hautement. Mais puisqu'il
« paraît qu'en toute cette affaire les mesures prises sont
« dictées par l'unique et pur souci de sauvegarder
« l'épargne, je crois devoir vous signaler à toutes fins

« *utiles, que les dites mesures sont, au contraire, exac-*
« *tement opposées aux intérêts de l'épargne.*

« *Je soutiens que le lundi 3 décembre, avant l'intru-*
« *sion brusque de la Justice, alors qu'aucune plainte*
« *n'était déposée et qu'il était facile, comme je l'avais*
« *demandé, de procéder à une expertise loyale, impar-*
« *tiale et discrète qui n'eût soulevé aucune émotion ni*
« *aucune panique préjudiciable à quiconque, je sou-*
« *tiens, dis-je, que les éléments d'actif surpassaient les*
« *éléments du passif et que tous ceux qui m'avaient*
« *fait confiance étaient en bonne posture financière.*

« *Lundi dernier, tous nos guichets ont fonctionné, on*
« *a payé à caisse ouverte. Il en eût été de même mardi*
« *sans le coup de force de mon arrestation et la ferme-*
« *ture des guichets.*

« *Aujourd'hui, sous le couvert de la « cessation de*
« *paiements », conséquence exclusive d'un coup de for-*
« *ce décidé par la justice et exécuté par la police, le*
« *Tribunal déclare en faillite la Société Anonyme de la*
« Gazette du Franc *et ce, sans souci des ruines qu'on va*
« *ainsi provoquer. Il est en effet bien évident, à pré-*
« *sent, que non seulement l'actif sera considérablement*
« *dévalorisé mais qu'encore les frais de justice et de*
« *faillite en absorberont une large part qui appartient*
« *aux épargnants auxquels devront en rendre compte*
« *les véritables responsables. »*

A cette date, ma protestation n'eut d'autre effet qu'un redoublement de rigueur, de sacarsmes et de calomnies.

Je réitère mon appel, car voici la situation :

Le syndic administre, certes, au mieux. Mais il est tenu à d'innombrables formalités, à de longues vérifications et des mois, des années même s'écouleront par le jeu normal des opérations de liquidation de la faillite, avant que les créanciers n'encaissent leur dû.

Fait plus grave encore, les experts, parallèlement, mè-

nent leur tâche avec cet objectif unique : justifier l'action de la Justice en prouvant l'escroquerie.

Ils ignorent donc volontairement la clientèle et dédaignent ses intérêts.

Il serait trop long, ici, de préciser, mais je n'affirme rien qui puisse être démenti. Le dossier contient déjà des mises au point de ma part et je tiens à votre disposition la preuve que si on continue dans la voie où l'on s'est engagé, alors qu'une répartition de 100 % est possible, on risque de l'amoindrir à 50 ou 60 %.

C'est contre cela que je m'élève de toutes mes forces, puisque par une savoureuse et inhabituelle ironie, c'est moi seule accusée d'exploitation de l'épargne, qui la défends pied à pied depuis le 3 décembre alors que ses défenseurs officiels, par indifférence ou par dédain, la lèsent de plus en plus gravement.

On a toujours vanté, Monsieur le Président, votre souci de justice et d'équité. Il convient donc d'établir le bilan de cette affaire.

En accédant, en novembre, à ma demande de vérifications officieuses, vous auriez eu tous apaisements, alors que voilà, ci-dessous, les résultats de votre méthode :

Au lieu de continuer à encaisser ses capitaux et les bénéfices qu'ils produisaient, ma clientèle voit bloquer ses fonds pour des années.

Hormis moi, réduite à la quasi impuissance, personne de qualifié ne peut la défendre.

Il y a eu, il y aura encore mes collaborateurs emprisonnés, déshonorés au mépris de toute justice.

Ils sont honnêtes gens au passé intact. Vous connaissez personnellement certains d'entre eux, Monsieur le Président, et non seulement ils ont ignoré mes opérations où ma seule responsabilité fut et demeure engagée, mais encore comment seraient-ils mêmes complices d'une escroquerie inexistante, puisque les fonds confiés sont représentés, et bien au delà?

Il y a aussi tous mes employés, tous mes agents, dont la situation est brisée et l'avenir compromis.

Il y a moi, enfin, qui, emprisonnée, attends la fin de l'expertise pour demander, à mon tour, des comptes.

Des exemples récents, des scandales évités par votre intervention malgré la pression des banques qui poursuivaient leur œuvre de destruction, prouvent, Monsieur le Président, que vous avez mesuré l'injustice et le péril de certaines catastrophes financières.

N'aurez-vous pas, aujourd'hui, le désir d'atténuer les conséquences de celle qui a été si imprudemment « déclanchée » voici plus de trois mois?

Veuillez croire, Monsieur le Président, à l'assurance de ma considération.

MARTHE HANAU.

Annexe n° 3

Communiqué judiciaire relatif à l'expertise Caziot

Pour estimer — opération délicate — la valeur exacte des titres formant l'actif de la Société d'*Exploitations Foncières*, l'une des sociétés annexes de la *Gazette du Franc*, M. Glard avait choisi M. Caziot qui est considéré comme l'un des hommes les plus autorisés à donner son opinion en pareille matière.

M. Caziot, après avoir examiné sur place les terrains, a rédigé un rapport qu'il a déposé lundi entre les mains de M. Glard. Hier le juge a communiqué ce rapport à Mes de Las Cases, Ducos de la Haille et Maurice Garçon, avocats des parties civiles.

M. Caziot a classé les terrains objets de l'expertise en trois catégories:

1° Boulogne, Saint-Ouen, Taverny et Paris, boulevard Saint-Denis.

Ces terrains ont une valeur certaine et accrue depuis leur acquisition. Leur réalisation est relativement facile et l'actif est sérieux.

2° Lys-Chantilly (terrains de golf).

La situation de ces terrains est beaucoup plus spéciale; leur propriété est d'ailleurs mal définie et peut donner lieu à des litiges;

3° Saint-Aygulf, Isola-Bella, le Pezou et les « Eucalyptus », sur le littoral méditerranéen.

Acquis en 1916, dit l'expert, au moment de la fièvre spéculative sur les terrains, la réalisation de ces immeubles apparaît aléatoire, la société qui les a vendus ayant mis 10, 20 et 30 ans pour s'en défaire.

Ces terrains, en effet, ne touchent à la mer que sur un point, à la villa « Alsace ».

Suivant la *Société d'Exploitations Foncières*, ces trois catégories de terrains sont estimées 110.417.000 francs.

M. Caziot constate que leur prix de revient, relativement récent, est de 16.638.905 francs. Seulement il juge qu'il est impossible d'estimer leur valeur au delà de 18 millions 845.000 francs.

Il ajoute:

« Je ne donne ces estimations qu'après avoir entendu les représentants de la Société d'exploitations foncières, MM. Geissmann, Dupasquier et Bureau.

Les estimations que nous avons établies ont été faites avec le souci constant d'envisager toutes les affaires sous l'aspect le plus favorable. Il ne semble pas douteux que si la Société était liquidée et les immeubles vendus on n'arrivât pas aux valeurs que nous indiquons. »

M. Caziot, dans son rapport, cite plusieurs exemples de la fantaisie qui présidait aux évaluations,

Dans le premier rapport du commissaire aux apports du 23 mars 1927, on relève une estimation de 8 millions 150.000 francs pour un terrain Martin, à Saint-Aygulf, terrain de 50 hectares, qui allait être acquis 18 mois plus tard, en septembre 1928, pour 500.000 francs.

Pour les terrains du Pezou sans accès à la mer et sans valeur d'utilisation ils furent achetés 256.000 francs en juin 1928, dont 130.000 francs payables en 18 ans. L'estimation de ces terrains est immédiatement portée à 1 million 224.330 francs, et, tout de suite après, 5 millions 470.000 francs parce qu'on faisait état de travaux supposés exécutés.

Mme Hanau, dans sa lettre à M. Poincaré, estimait elle-même les titres de la Société d'exploitations foncières à 110 millions de francs, les deux tiers appartenant à la *Gazette* représentaient, d'après sa déclaration, 74 millions de francs.

L'expert estimant l'ensemble des titres 18.845.000 francs, les deux tiers appartenant à la faillite, ne représentent donc que 12 millions.

L'expert, il conviendra de l'ajouter, déclare que le capital de la société l'*Exploitation Foncière* ne serait donc que de 25.000.000 de francs, de sorte que la valeur du titre nominal de 100 francs tomberait à environ 75 fr.

Or, ces titres étaient vendus couramment à la clientèle au delà de 300 francs.

Il est probable que Mme Hanau contestera ces chiffres et qu'elle n'acceptera pas sans discuter, que ses 74 millions se transforment en 12 millions.

Annexe n° 4

Protestation de Mme Hanau contre le rapport Caziot

Une fois de plus, mes prévisions et mes protestations se justifient.

On dévalorise systématiquement tous les postes d'actif de la *Gazette du Franc.* Et avec quelle outrance!

Je ne discuterai pas les chiffres communiqués, tant ils s'écartent anormalement des expertises officielles multiples, versées au dossier, expertises qui m'ont servi personnellement de base dans mes tractations et mes conventions avec la Société d'*Exploitations foncières,* dont les titres ont été cédés à la *Gazette du Franc au cours de* 200 *francs.*

Je soulignerai seulement qu'il est significatif:

1° De tenir pour négligeables des éléments d'appréciation aussi indiscutables que des prix de vente couramment pratiqués ou des prix d'achat officiels à la barre des tribunaux;

2° De ramener à zéro le montant des travaux et la plus-value conférée à un domaine quand il s'agit, par exemple, de 45 km. de routes et de boulevards.

Ces méthodes, imposées, peut-être dans une expertise à minima destinée au *Crédit Foncier* ou à des prêteurs professionnels sont injustifiables pour une évaluation commerciale et courante, seule légitime ici, alors qu'il s'agit d'une Société en pleine exploitation et non en état de réalisations forcées.

Inutile de poursuivre.

J'entends dégager ma responsabilité personnelle, car *cette expertise prépare les voies aux plus douteuses spéculations.*

Les actionnaires de la Société d'*Exploitations Foncières* et les clients de *La Gazette du Franc* courent donc les plus graves dangers.

Je les invite à se défendre énergiquement. Qu'ils commencent par provoquer les contre-expertises loyales qui s'imposent pour fixer publiquement des chiffres véridiques, ils agiront ensuite.

Annexe nº 5

Protestation de la Société d'Exploitations Foncières contre le rapport Caziot

La Société anonyme d'Exploitations Foncières n'a eu connaissance que par les journaux des conclusions de l'expert Caziot, commis par le juge d'instruction de l'affaire Hanau pour estimer la valeur des propriétés de la Société.

Elle proteste énergiquement contre les résultats d'une expertise faite en dehors d'elle dans un but qu'elle n'a pas à rechecher et sans qu'il soit tenu compte des réalisations déjà effectuées.

Deux exemples soumis aux lecteurs, même les moins compétents, suffiront pour démontrer l'état d'esprit qui a inspiré la rédaction du rapport.

A Cannes, les Jardins d'Isola-Bella sont évalués en moyenne à 27 francs le m2, alors que le prix moyen des ventes déjà effectuées atteint 75 francs .

Les terrains de Saint-Aygulf descendant jusqu'à la plage, sont évalués à 1 fr. 85 le m2!

Ce sont des chiffres qui stupéfieront tous ceux qui connaissent la valeur des terrains sur la Côte d'Azur, surtout si l'on considère que ces terrains sont aménagés, que des routes sont construites et que des adductions d'eau et des installations d'électricité sont établies ou en cours d'exécution.

La Société anonyme d'*Exploitations Foncières* se borne, pour le moment, à regretter de trouver dans le rapport de l'expert un tel mépris des réalités et un dénigrement injustifié de la région de la Côte d'Azur.

Il n'est pas admissible, en effet, qu'un expert détermine la valeur de liquidation des terrains, alors qu'il s'agit d'en fixer la valeur commerciale après l'exécution des travaux destinés précisément à leur donner tout leur prix.

Il n'est pas davantage admissible qu'on ait pu limiter la mission de l'expert à la détermination d'une valeur de liquidation et on estimera que l'initiative de la publication d'un rapport d'expertise non contradictoire est pour le moins extraordinaire et tendancieuse, cette publication suscitant un préjugé dans l'esprit du public au préjudice des intérêts légitimes d'une société anonyme.

Annexe nº 6

Protestation de Mme Hanau contre les abus de pouvoir du Juge d'Instruction

Monsieur le Juge,

Le 26 avril dernier, M. Coutant, syndic, et Mes Moulin et Joutel, administrateurs judiciaires, avaient organisé à la Gazette du Franc, *une réunion à laquelle devaient participer MM. Dupasquier, Geissmann et Bureau, administrateurs de la* Société d'Exploitations Foncières, *ainsi que MM. Léouzon-Le-Duc, Ribet, Lignières, Torrès, Alfred Dominique, avocats, et moi.*

Des pourparlers engagés dans de précédents rendez-vous permettaient d'entrevoir un accord indispensable aux intérêts énormes engagés dans cette affaire. Or vous avez refusé de délivrer les autorisations nécessaires. Cette réunion n'a donc pu avoir lieu. De ce fait, les solutions envisagées restent pendantes et le préjudice ainsi causé aux créanciers de la Gazette du Franc *menace d'être considérable.*

Le 30 Avril dernier, rendez-vous était pris par M. Bourgeois, administrateur judiciaire, chez M. le professeur Hénard, préalablement au dépôt d'une consultation privée qui avait été demandée à ce dernier au sujet de la Cie Générale Financière et Foncière. *Après avoir acquiescé d'abord à la demande qui vous était faite, vous avez refusé de me laisser assister à cette consultation. Mon absence a eu ce grave inconvénient que M. le professeur Hénard, inexactement informé, a fourni des indications de fait entièrement erronées et contre lesquelles j'ai dû dresser une protestation entre les mains de M. Bourgeois.*

Au début de Mai, M. l'administrateur Bourgeois convoquait rue de Provence le syndic, les administrateurs judiciaires, Me *Torrès, M*[e] *Asselineau, M*[e] *Alfred Dominique et les actionnaires de la* Cie Générale Financière et Foncière *pour prendre d'accord des décisions urgentes.*

Vous avez refusé de délivrer les ordres d'extraction nécessaires. La réunion n'a pu se tenir. Le préjudice causé s'ajoute aux précédents.

Plus récemment, M. Coutant, syndic et M. Moulin réclamaient ma présence à la Gazette pour la discussion et la mise au point de questions importantes: procès en cours et intérêts à défendre dans la Société Caisse Générale de Banque. Vous avez refusé de nouveau les ordres d'extraction, vous contentant de remettre à ces Messieurs des permis de visite à la prison de St-Lazare. Vous les informiez, en outre, paraît-il, que vous n'autoriseriez plus d'autres communications. Or, vous savez que seul le tête-à-tête est possible au parloir et que les questions que nous avons à traiter nécessitent, non seulement des réunions contradictoires, mais encore la compulsion de dossiers, impossible hors des bureaux de la Gazette.

Je sais fort bien que vous usez ainsi et légalement de votre pouvoir discrétionnaire et que ma protestation sera, hélas, toute platonique.

Au moins, me reste-t-il le droit de souligner que vous ne cessez pas d'utiliser tous les moyens propres à dévaloriser l'actif et à le bloquer, et que vous concourez ainsi personnellement à la ruine des clients de la Gazette du Franc *dans le dessein d'établir coûte que coûte une prévention dont vous avez déjà mesuré la vanité.*

Veuillez..........

Annexe n° 7

Communiqué du Groupement Central de Défense des Clients de la Gazette du Franc

En tant que *Groupement central de défense*, réunissant dans notre sein 2.000 adhérents et les principaux comités déjà existants à Paris et en province sous le contrôle d'hommes d'affaires honorables et connus, nous sommes dans l'obligation pénible de dénoncer le rôle suspect du *Comité de Défense des Souscripteurs de la Gazette*, 68, rue Mazarine, à Paris, et dirigé par M. Columeau.

Nous ne nous attarderons pas sur la personnalité de M. Columeau, le *Flambeau* l'a projetée en pleine lumière.

C'est un spécialiste de combinaisons de contentieux aux buts mercantiles. Il le prouve une fois de plus dans cette affaire.

Notre but étant de défendre l'actif de la *Gazette du Franc*, d'en surveiller, d'en aider la réalisation au maximum possible, d'en obtenir des répartitions rapides, nous devons dénoncer et combattre toute action qui ferait obstacle à ce but légitime et nécessaire.

Nous ne sommes pas, nous, des agents d'affaires ; *nous sommes des créanciers qui voulons recouvrer nos capitaux et nous ne tolérerons pas qu'on aide à les bloquer ou à les réduire pour des fins suspectes.*

Nous ferons également justice, une fois pour toutes, de certaines insinuations tendancieuses.

Nous déclarons formellement ici que *nous ne sommes pas les défenseurs de Mme Hanau, que nous n'avons aucun lien avec elle.*

Nous estimons que notre intérêt est de recueillir les indications et les renseignements qu'elle peut fournir, étant la mieux qualifiée, en tant qu'administrateur délégué de la *Gazette.* Ces renseignements, nous ne les acceptons qu'à titre indicatif et sous bénéfice de vérification pour les confronter avec les chiffres officiels dont un de nos buts est d'obtenir la publication rapide et définitive.

Un point, c'est tout. Nous n'y reviendrons plus.

Nous avons sous les yeux la circulaire n° 5 adressée à divers créanciers par M. Columeau, et nous estimons que cette circulaire lèse gravement nos intérêts et travestit la vérité.

1° *l'Expertise Caziot est inacceptable.*

Qu'elle serve de base à l'instruction, peu nous importe; c'est affaire aux inculpés de la réfuter et ce n'est pas notre rôle.

Mais nous disons, nous, qui sommes actionnaires de la Société anonyme d'*Exploitations Foncières,* que cette Société est en activité, qu'elle opère couramment des ventes, qu'elle a des tratactions importantes en cours à des prix égaux ou supérieurs à ceux qu'elle avait fixés *et qui justifiaient le cours des actions* et que c'est empêcher les ventes de se réaliser, écarter les acheteurs, et paralyser la Société que de prendre pour exacts et de cautionner les chiffres de l'expertise Caziot, établis par un spécialiste de la dévalorisation foncière et un évaluateur pour prêts hypothécaires,

Notre intérêt, qui est le même que celui des clients de M. Columeau, *qui l'oublie*, est d'aider la Société d'*Exploitations Foncières* à une gestion prospère et non pas d'y faire obstacle. Et quand M. Caziot dit : 27 francs le mètre et qu'on vend 75 francs, nous disons, nous, c'est 75 francs, chiffre réel qui nous agrée, et non 27 francs, chiffre d'évaluation arbitraire, et nous ne voulons pas qu'on fasse le jeu de ceux qui nous offriront 27 francs de nos terrains ou 75 francs de nos actions. *Nous ne serons pas dupes.*

Nous conseillons également aux mandants de M. Columeau de n'être pas victimes de cette manœuvre dangereuse.

2° *Bilan de la faillite.*

M. Columeau rappelle les chiffres publiés par Mme Hanau dans sa lettre à M. Poincaré; il n'en publie qu'une partie (ce qui constitue le mensonge par omission).

Il y oppose d'autres chiffres sous cette affirmation : « La réalité est... »

Or, nous sommons ici M. Columeau de nous indiquer les sources où il s'est documenté.

Nous le défions de le faire :

1° Parce que M. Coutant, syndic, a déclaré officiellement qu'il n'avait personnellement publié encore aucune évaluation et qu'il est le seul à pouvoir le faire et qu'un de nos premiers objectifs est justement d'obtenir cette publication.

Nous prenons date, dès aujourd'hui, que M. Columeau indique :

30 millions de titres;

3 millions d'espèces;

7.500.000 francs d'immeubles.

Ces chiffres ne sont pas exacts.

Nous demandons dès maintenant quel avantage les

clients de M. Columeau peuvent tirer de cette sous-évaluation voulue.

S'il s'agit d'écœurer les créanciers pour racheter leurs créances à bon compte, *ceux-ci ne seront pas dupes.* Nous conseillons dès aujourd'hui aux mandants de M. Columeau de se défendre contre lui.

3° *Dividende de faillite*

Malgré ses sous-évaluations, M. Columeau arrive, avec ses chiffres, à une répartition de 40 p. cent. Il s'empresse alors d'annoncer qu'on ne peut tabler sur un tel dividende étant donné les frais engagés par la faillite et notamment les indemnités distribuées aux employés, agents, démarcheurs et aussi, ce qui est un comble, parce que « les chiffres de l'expertise Caziot sont extrêmement favorables et ne seront pas atteints en cas de réalisation » (*sic*).

Ce sont là encore deux de nos objectifs;

Nous voulons connaître, nous, les frais qu'on nous fait supporter et vérifier leur légitimité.

Nous voulons qu'on réalise les *Exploitations Foncières*, non au-dessous de l'expertise Caziot, comme M. Columeau, mais, au contraire, bien au-dessus, *à leur valeur réelle*, ce qui est une prétention élémentaire.

Personne à l'heure actuelle, ne peut fixer un chiffre même approximatif de répartition et il s'agit là encore d'obtenir le rachat de nos créances à bon compte; *nous ne marcherons pas.*

4° *Revendications; procès.*

A ce sujet, l'inconscience de M. Columeau est telle qu'il est presque inutile d'en faire justice.

Il avoue que c'est lui qui a entamé, au nom d'un de ses clients, l'ère des procès! Il annonce son intention de continuer. *Et avant de connaître la teneur d'un jugement qui serait bien rendu (?) en mai prochain, paraît-il, il annonce qu'il ira en appel!*

Faut-il ajouter, ce que M. Columeau se garde bien de dire, que les syndicataires qui revendiqueront leurs titres devront acquitter intégralement le montant de leur participation?

Tout ceci est clair, significatif.

Nous, qui ne sommes pas des agents d'affaires, qui n'avons rien à gagner et tout à perdre dans le maquis de la procédure, nous estimons, en bons Français moyens, qu'un mauvais arrangement vaut mieux qu'un bon procès et que là, encore, M. Columeau, abusant des pouvoirs qu'il a obtenus, a, pour des fins personnelles, délibérément engagé ses clients dans une voie dangereuse, dispendieuse *et préjudiciable à nous tous. C'est le bloquage certain pendant des années, si nous n'y mettons bon ordre.* Mais nous ne nous laisserons pas manœuvrer.

5° Nous ne prenons pas et ne prendrons jamais la défense des agents de la *Gazette.* Ce n'est pas notre rôle.

Ceux qui font partie du groupement central sont adhérents au titre de CLIENTS et nous ne les enregistrons que comme tels et pour le montant de leurs capitaux personnels engagés à la *Gazette.* A ce titre, ils partagent notre sort.

6° Nous sommes heureux d'exprimer notre reconnaissance à la direction du *Flambeau Financier* qui nous a gracieusement offert l'usage de ses bureaux, grâce auxquels nous avons pu nous créer et nous organiser.

Le Flambeau est et sera l'organe officiel où nous publierons tous nos communiqués et nos convocations, *mais notre organisation est autonome et indépendante.*

Conclusion.

Notre devoir de Groupement central de défense *qui défend* ne serait pas complètement rempli si après avoir fait justice et découvert les buts de l'action hostile, intéressée et préjudiciable de M. Columeau, nous ne soulignions pas, sur les indications fournies par lui-même, qu'il réclame 80 francs par dossier.

Nous rappelons pour mémoire que le Groupement central de défense ne demande à ses adhérents qu'une cotisation unique de 10 *francs,* pour couvrir les frais matériels indispensables, et nous invitons tous les clients non encore adhérents à nous prouver leur compréhension de leurs intérêts en se joignant à nous pour renforcer l'effort commun.

Annexe n° 8

Note relative à la " cotation " en Bourse de diverses affaires

Discute-t-on les cours de:

Financière de Paris, action de 5.000 fr. cote 7.900 après avoir atteint 9.925.

Parts .... 15.000 après avoir atteint 24.300, sans avoir réglé un seul coupon.

Crédit Général des Pétroles cote 1.400 après avoir dépassé 1.800 francs.

Malopolska, introduite à 148, divisée en tiers, cote 480, soit à parité 1.440.

Alsacienne de Produits Chimiques cote 94 après avoir dépassé 150 francs.

Océana cote 39, après avoir dépassé 150.

Pourquoi ne s'étonne-t-on point que les actions de :

La Snia Viscosa, introduites en France à 475 fr. ne cotent plus que 122 fr.?

Favoy tin introduites à 144 ne cotent plus que 74.50?

Tin Sélection introduites à 227 ne cotent plus que 166?

Huanchaca qui sans avoir payé un seul coupon

depuis juin 1922 cotent 311 divisé après avoir atteint 1.445 avant la division.

Mexico el Oro cote 140 après avoir atteint 440?

Grammont cote 62 après avoir atteint 145?

Keller Dorian cote 425 après avoir atteint plus de 1.000?

Hydro Electrique du Morvan cote 120 après avoir atteint plus de 208?

Hôtel et Casino de Pau cote 125 après avoir atteint plus de 200?

Minière du Nord et des Alpes, action cote 3.345 après avoir atteint plus de 7.000?

part cote 5.550 après avoir atteint plus de 13.000?

Etablissements Leroy cote 135 après avoir atteint plus de 250?

Tissages de Lisieux cote 32 après atteint plus de 150?

Aucun de ces titres ne présente les garanties des actions et des parts d'*Exploitations Foncières.*

Tous les animateurs de ces marchés sont-ils accusés d'escroquerie? Leurs opérations ont cependant coûté des milliards à l'épargne française, à laquelle j'ai réglé, moi, des millions de bénéfices.

Il est juste d'ajouter qu'à la séance de la Chambre du 7 juin (voir *Journal Officiel* du 8 juin), M. Georges Monnet a clairement dénoncé sous des pseudonymes transparents les entreprises d'un puissant groupe financier et souligné que pour quelques centaines de millions investis par les promoteurs, la capitalisation boursière représentait plusieurs milliards!

Pourquoi M. Georges Monnet n'a-t-il pas tiré les conclusions logiques de son intervention?

Cette différence supérieure au milliard a bien été prélevée sur l'épargne publique?

Qu'attend le Ministre des Finances pour mettre un terme à ces opérations?

Il est vrai, que M. Georges Monnet, à l'occasion d'un autre groupe, lui a fourni lui-même l'absolution:

« On comprend qu'un gouvernement doive soute-
« nir des affaires arrivées à ce degré d'importance.
« Et nous savons très bien que lorsqu'on a laissé une
« entreprise atteindre un pareil volume, on ne peut
« plus aujourd'hui lui contester sa parfaite légiti-
« mité ».

Il eût pu ajouter « soutenue par la grande banque » et je puis donc, moi, en déduire, avec quelque ironie qu'une affaire importante et honnête comme « *La Gazette du Franc* » joue le rôle de bouc émissaire pour permettre aux gouvernements de laisser fructifier les colossales escroqueries de ses concurrents ombrageux et inquiets.

Je citerai pour terminer deux exemples d'actualité fort instructifs en ce temps de défense de l'épargne:

1° La *Société Générale* pour favoriser le développement du commerce et de l'industrie en France (et dont un des hauts fonctionnaires siège à la Commission de contrôle de défense de l'épargne de M. Chéron) vient de patronner en France l'émission des actions de la Société Ford. Le public n'a été admis qu'à une souscription *parcimonieuse* au cours d'émission de 100 fr., mais il peut se procurer hors cote toutes quantités des mêmes titres aux environs de 300 francs. Cours basé sans doute sur les résultats acquis (!) d'une affaire qui n'a pas encore débuté et dont la capitalisation s'élève ainsi à 390 millions.

2° On négocie aux environs de 400 fr. les actions de 100 francs de la *Sofinest* (Société Financière de l'Est), société nouvelle dont l'exploitation n'a pas encore commencé et dont les opérations futures sont uniquement basées sur la spéculation.

TABLE DES MATIERES

ANNEXES

www.ingramcontent.com/pod-product-compliance
Ingram Content Group UK Ltd.
Pitfield, Milton Keynes, MK11 3LW, UK
UKHW021106270726
13993UKWH00006B/1035